Chris von Rohr
Götterfunken

Chris von Rohr

Götterfunken

Giger Verlag

1. Auflage 2015
© Giger Verlag GmbH, CH-8852 Altendorf
Tel. 0041 55 442 68 48
www.gigerverlag.ch
Lektorat: Monika Rohde, Leipzig
Umschlaggestaltung: Hauptmann & Kompanie, Zürich
Layout und Satz: Roland Poferl Print-Design, Köln
Druck und Bindung: GGP Media GmbH, Pößneck
Printed in Germany

ISBN 978-3-905958-67-6

VERMÄCHTNIS

*»Freude, schöner Götterfunken, Tochter aus Elysium,
wir betreten feuertrunken, Himmlische, dein Heiligtum!«*

*Diese Zeilen hat Friedrich Schiller verfasst
und Beethoven in seiner letzten vollendeten Sinfonie
vertont.*

*»Götterfunken« steht symbolisch für Gottes Geschenk
an den Menschen – DAS LEBEN. Es sind jene Art
von Funken gemeint, die Menschen ihre göttliche Herkunft
erkennen lassen. Danach ist man kein Blinder, der
mit anderen Blinden über das Leben debattiert,
sondern ein lebendig Glücklicher, der
das Ewige erkannt hat im Leben.*
Griechische Götterlegende
um Prometheus

*Für alle neugierigen,
entflammten Leidenschaftler und jene,
die es noch werden.*

INHALT

Verlassen von der Zeit (I) 13
Sommertraum 17
Quartierpiraten 21
Digitale Demenz 24
Buchstabensuppe 27
Die Ritter der Kokosnuss 33
Christkinderland 37
Wüstenwinter 40
Gleichmachermurks 44
Gartenzauber 48
Liebe und Kartoffeln 51
Der Imageterror 55
Die Zwangserneuerer 59
Hymne an Hesse 63
Falsche Sicherheit 70
Wenn das Pendel schlägt 74
Die Krippewelle 77
Die Unerwünschten 81
Die rollenden Steine 85
Ein Hoch auf das, was uns vereint 89
Menue Küdersack 93
Akzeptanz des Bösen 96
Honig- und Giftpfeile 100
Merci Genie! 104
Kind entwendet durch Schreibtischbehörde 110
Und es war Sommer 115

Der Steuerblues	119
Traumberuf Musiker	123
Verantwortung – Ehrensache!	127
Vergrobung allenthalben	130
Rauchzeichen	134
Flaschen leer – Steuern hoch!	137
Danke Montreux, danke Claude!	142
Die Energieblender	145
Jahresschätze	148
Es starb die Zukunft	151
Rom, wir kommen!	155
Struppelpeter for President!	159
Trinke Wein im Vollmondschein	162
Therapie im Stundenhotel	166
Nah- und Fernsehen	169
Fitalin	174
Welcome to Amerika	178
Wertprämie statt Herdprämie	182
Beerenstark	185
Die Schweiz ist fertig!	188
Hurricane Season	192
Die ewige Wunschliste	196
Gottfriedstutz	200
Politgebet	205
Es war eine Mutter…	211
Das Unwort	215
Schule in Ketten	219
London calling	223
Spital ohne Herz	226
Darfs noch etwas schärfer sein?	231
Gar nicht rassig!	235

Die Reizdiät 240
Sounds fürs Leben 244
Verlassen von der Zeit (II) 248

Danksagung 253
Literaturverzeichnis 255

Götterfunken

VERLASSEN VON DER ZEIT (I)

Die Zeit, die Zeit! Sie ist in aller Munde und zwischen den Buchdeckeln, aber mich hat sie verlassen. Keine Zeit! Diese Geliebte scheint uns im 21. Jahrhundert lebende Erdbewohner allesamt im Stich zu lassen und an sämtlichen Radarfallen busslos vorbeizubrausen. Mein Sinnieren und Recherchieren darüber war so faszinierend, dass ich mich unmöglich auf nur eine Kolumne beschränken kann.

Im Gegensatz zu Peter Bichsel kenne und wünsche ich mir keine Langeweile, aus der dann etwas entsteht und mir das Gefühl eines langen Lebens gibt. Nein, mein Leben gleicht eher einem Roller-Coaster-Ride, inklusive dem etwas schwerfälligem Anlauf. Mit siebzehn Jahren war ich ein in den Tag hineinwandelnder Hippiefreak in Neuenburg. Ich lernte Französisch, ein paar andere eher unnütze Dinge und verbrachte viel Zeit mit der akustischen Gitarre. Hätte mir damals jemand erzählt, dass ich 45 Jahre später ein striktes Zeitmanagement brauchen würde, um meine »Work-Life-Balance« im Griff zu haben und nicht auszubrennen, dann hätte ich gelacht. Wie ändern sich doch die Zeiten – wer sind sie überhaupt, die Zeiten?

Zeit ist alles: Luxus, Tyrann, Heiler und Leben. Sich Zeit zu nehmen, kostet Geld. Das sagt die Wirtschaft. Vom Piepsen des Weckers friert es mich an den Zähnen. Und doch muss ich den Halunken am Bettrand grummelnd akzeptieren, darf nicht schlafen, bis ich von selber damit fertig bin. Bedauerlicherweise lassen sich Brot und

Früchte nicht im Schlummer verdienen. Abends hingegen, wenn mein Kopfkino die farbigsten und anregendsten Filme startet, soll ich gefälligst abschalten und schlafen. Tatendrang, hau ab, du kommst ungelegen! Weshalb kann der Tag überhaupt nicht mit dem Abend anfangen? Am Ende des Tages scheint mein geistiger Werkraum viel üppiger gefüllt zu sein Ich denke über eine Volksinitiative nach.

Ich erlebte traurige, kranke und herzschwere Zeiten, in denen ich gern in die Hände geklatscht hätte, um im Spiel des Lebens drei Jahre vorzurücken – in der Hoffnung, dass die Zeit geheilt hat und ich bis dahin vielleicht den Bachelor in Sachen Weisheit geschafft hätte. Doch so läuft das nicht. Sie lässt sich gern Zeit mit dem Heilen von Wunden, die Zeit, und wir haben die Musse dafür verloren. Wir finden zu wenig Zeit, Verluste zu beklagen und sie zu Grabe zu tragen. Das wirkt ausserdem uncool. Brüche und Schicksalsschläge betrachtet der Trendsetter als Chance zur Neuorientierung und Ausgestaltung des Lebenslaufs. Ausgeleierte Lismersocken werden fröhlich entsorgt und durch anpassungsfähigere und durchlässigere intelligente Fasern ersetzt. Wir besitzen ferngesteuerte Backöfen, sensible Sonnenschütze, die sich selber aus- und einfahren, alleskönnende Smartphones, jedoch keinen Geschirrflickomaten.

Das sollte jetzt eine Streicheleinheit sein für all die ewiggestrigen Schwerenöter, Melancholiker und Scherbenhaufenproduzenten, die ich von Herzen mag. Da kommt mir das Lied von Mani Matter in den Sinn: *Mir hei e Verein, i ghöre derzue*. Gibt es nicht auch noch den Verein derer, die die Zeit totschlagen müssen, die Metzger der Zeit? Gibt es solche, die nach einer Beschäftigung Ausschau halten – im gleichen Augenblick, in dem ich den Finger auf den Zeiger der Uhr drücken möchte, damit sie mir eine Verschnaufpause gönnt? In dem Augenblick, wo ich der Welt den Stecker ziehen möchte, suchen andere den Starterknopf. Menschen, die aus purer Langeweile ins Virtuelle abdriften oder online »Freunde« suchen, um »Spass zu haben«.

Zeitgenossen aller Gattungen streben nach den unterschiedlichsten Dingen, um die Zeit zu geniessen – aber jeder ist auf seine Weise ihrem Galopp untergeordnet. Der Mensch ist Anschauungsmaterial der Vergänglichkeit, welche zugleich plagend und barmherzig ist. Wir können die Zeit nur im Geiste ausheben. Wenn wir uns Geschichten erzählen aus der Vergangenheit, dann löst sie sich für einen Atemzug auf. Ich liebe diese zeitlosen Momente! Am häufigsten erlebe ich solche, wenn ich Musik mache. Da gerate ich in einen Fluss, der mich wegträgt aus dem Sekundentakt. Dieses Vertieftsein in etwas, das man liebt, ist vielleicht das erhebendste Gut der Menschen. Kinder können das noch bestens in ihrem Spiel. Neugierig, witzig, leichtfüssig, frei, herzoffen, urvertraut und voll da. Eine arglose, in die Natur hinaus ergänzte, erweiterte Freudigkeit.

Ich kann es kaum erwarten, in den »Mouse-Room«, mein Einstern-Zimmer im Süden Kretas einzuchecken und alles andere auszustecken. Dort, wo die Zeit noch nicht dem Rasertum verfallen ist, kann ich meine Seele schweben lassen, die Sterne betrachten, mit meinem Tochterherz braune, ausgetrocknete Erde bewandern, ins vom Sommer gewärmte Salzwasser springen, Berge von griechischem Salat verspeisen, Raki trinken, Gespräche mit einheimischen Zeitzeugen führen, ein paar Akkorde auf der Gitarre schrummen, ein Hemingway-Buch lesen und immer wieder das Meer betrachten, bis die Zeit wieder zu mir zurückfindet und sich für eine kleine, luxuriöse Ewigkeit reumütig in meinen Schoss legt. Wie damals in Neuenburg.

SOMMERTRAUM

Alles schön ruhig und friedlich. Die Hälfte des Landes ist weg. Fühlt sich an wie Neunzehnhundert-Blumenkohl. Sommer! Du hast mich gelehrt, dich zu packen, wenn du endlich mal wieder zu Gast bist hierzulande. Dein magischer Zauber hält nur kurz und schon bist du wieder weg.

Ich entspanne auf einer orangefarbenen Luftmatratze. Der See liegt spiegelglatt und flimmernd vor mir. Die Sonne brennt mit voller Kraft herunter und spiegelt einen blauen, von gross geballten, schneeweissen Sommerwolken durchzogenen Himmel. Hinter mir entfernt sich langsam das schattige Wiesenufer mit seinen tief hängenden Trauerweiden. Mit dem Ufer bleibt auch das zurück, was mich dort umtreibt und beschäftigt. Je weiter ich in diesen See hineingleite, die Gerüche, die Farben und Geräusche aufnehme, desto fremder und unbegreiflicher wird das eben noch Gewichtige. Die Sonne prickelt auf meiner Haut, wohlig bis tief in die Knochen hinein, und ein laues Lüftchen umschmeichelt mich. Liebe Leser, so muss sich die Ankunft im Paradies gestalten ...

Daheim liegen Notizblöcke voller guter und schlechter Ideen, an die 50 unbeantwortete E-Mails, Briefe, inflationäre Werbebroschüren, Rechnungen, die fällig sind, Einladungen, die ich ablehnen muss, aufgeschlagene Magazine, Zeitungen, Bücher und ein Haufen waschfälliger Kleider. Alle diese Dinge erscheinen mir hier auf dem See plötzlich fremd, überflüssig – einer verirrten, grotesken

Welt zugehörig, der ich heute entkommen bin und mit der ich zunehmend meine Mühe habe. Es ist die busy-going-nowhere-Falle – zu viel machen, reden und studieren – zu wenig freies Leben. Ich weiss, dass es vielen Menschen auf diesem Planeten so geht, nur tröstet mich das wenig.

Wenn ich hier und jetzt in diesen vieltausendjährigen, tiefblauen Himmel blicke, die Wolken gelassen vorbeiziehen sehe, wenn diese Berge, so majestätisch, kühn und unverrückbar klar vor mir stehen – wie kann es da sein, dass daneben all dieser lumpige Alltags-Bagatell-Kram der Trostpflaster-Konsumwelt noch ihre Relevanz hat? Warum lassen wir uns da bloss immer wieder so reinziehen? Die fragwürdige Kunst eines jeden Tages ist doch heute, die Perlen im ganzen Ramsch zu finden, der uns umgibt und angeboten wird. Doch selbst die Lüge dient der Wahrheit und die Schatten löschen die Sonne nicht aus, vor allem nicht im Sommer. Auf geht's …

Wieder zu Hause, fragt mich meine liebe Tochter, ob ich nicht Lust hätte, mit ihr ins nahe liegende Kloster zu gehen. Ich kann mir nichts Besseres vorstellen nach dem See. Eine braungekleidete Kapuzinernonne öffnet uns freundlich die Pforten. Lange dunkle Gänge führen in den Innenhof. Ein paar Schwestern machen im Halbschatten ein Kartenspiel. Wir zwinkern ihnen zu und ich glaube, sie freuen sich, zwei so bunte, streunende Hunde in ihren Mauern zu sehen. Es fühlt sich gut und sehr kühl an. Die Kirchen und Klöster sind ja eigentlich die Erfinder der Aircondition … nur liess es sich nicht patentieren.

Wir lassen uns den umwerfend schönen Garten zeigen. Wie man mir berichtete, durfte man früher hier nur unter strenger Strafe aus den Klosterzellen darauf herunterblicken. Zu gross waren wohl die Verführungskraft und die Ablenkung all der prächtigen, alten Rosen, Hortensien, Lindenbäume und dem berauschenden Jasmin und Lavendel. Das passte nicht zur streng auferlegten Kasteiung der jungen Nonnen – obwohl sich eigentlich Gott, oder wie wir es nennen wollen, in dieser wunderbaren Natur, in all den Blüten, Früchten und Düften so gross und stark offenbart.

Wir ergreifen die Gelegenheit und nehmen auch noch am anschliessenden Vesper, dem liturgischen Abendgebet, teil. Da sitzen fünfzehn ältere Nonnen im Halbkreis in einem holzgetäfelten Raum in engen, unbequemen Chorstühlen und lobpreisen mit wackligem aber herzvollem Gesang Gottvater, Gottsohn und den heiligen Geist – fern von der Aussenwelt und ohne Nachkommenschaft. Far out! Ein wirklich spezieller Moment, den ich mit meiner Tochter erleben durfte.

Spätnachts im Bett sinniere ich über diesen Tag, das Erlebte, über die Vergänglichkeit und ob jetzt ich oder die Nonnen etwas im Leben verpasst haben … Wie lange mag mein Tochterkind wohl noch so schöne Ausflüge mit mir machen? Ist meine neue Songidee dazu himmlisch genug? Ganz leise hallt ein Ferngewitter. Mein Haus liegt zwischen drei Klöstern und auch morgen werde ich wieder von einem ihrer Glöcklein geweckt werden. Die wunderbaren schwarzen Kirschen und Aprikosen warten auf dem Tisch und ich bin frohgemut, dass sich ein weiterer Sommertag ankündet. Ich möchte unbedingt noch die Gefilde goldener und rauschender Ähren besuchen, bevor sie die Sense oder der Mähdrescher bald schon zu sich holt. Und schliesslich bitte ich noch den grossen Manitu, er möge mir Ruhe, Durchlässigkeit und Kraft geben. Ich meine damit die Art von Kraft, die uns wieder mehr eins sein lässt mit dem Schöpfer und die uns in den Schoss der Natur zurückführt. Oh Sommer, tust du mir gut!

QUARTIERPIRATEN

Die Sonne nickte dem Städtchen Solothurn freundlich zu und ich spielte mit meiner Tochter vor dem Haus Strassenfussball. Immer mehr Kinder kamen dazu. Jemand brachte die Idee, die Quartierstrasse abzusperren, um ungestörter zu spielen. Dieser erst zaghafte Wunsch wuchs rasch zu der Massnahme heran, von motorisierten Eindringlingen einen Wegzoll zu verlangen. Ich fand das grossartig und freute mich diebisch darüber, wieder einmal etwas zu tun, das, mit dem strengen Auge des Gesetzeshüters betrachtet, nicht ganz lupenrein war. So unterstützte ich das Vorgehen natürlich von ganzem Herzen.

Strassenarbeiter hatten in der Nähe ein paar orange-weisse Gummihütchen zurückgelassen. Die eigneten sich hervorragend als Tore und Strassenblockade. Ein Junge fuhr seinen Traktor auf und das Nachbarmädchen ein Märitkörbchen auf Rädern. Strassensperren sind sonst etwas Widerliches. Diese hier war aber wunderbar hübsch anzusehen und offenbar anziehend. Sie zog weitere Aktivisten aus ihren vier Wänden heraus. Schliesslich waren etwa zwölf Kids in guter Spiellaune zugegen. Das Spiel verschob sich sachte vom Fussball zum Wegelagerertum. Man spähte mehr nach dem nächsten Auto, als sich fürs nächste Goal reinzuhängen.

Etwa alle sieben Minuten fuhr eines vor. Es folgte die kecke Ansage der Kids: »Das kostet einen Franken, dafür gibt's freie Fahrt und einen Krokus-Totenkopfaufkleber.« Die Reaktionen der Fahrer fand ich spannend: Je billiger die Karrosse, desto grosszügiger fiel das Passiergeld aus. Aus einem Lada – eh, einem Škoda – wurden drei Franken herausgereicht, ein Toyota generierte vier und eine witzige Rostlaube sogar fünf Stutz. Der Driver des noblen Flügeltüren-Mercedes mit Beifahrerdekoration hingegen konnte dem Spiel nichts Lustiges abgewinnen. Die Sorge um sein Prestigegeschoss war gross und in seiner Welt wird wohl andersherum gespielt. Er war die motzende Ausnahme, die den anderen Autofahrern zu entsprechend mehr Ansehen und Beifall verhalf.

Da erschien meine frühere Lebenspartnerin mit einer Schüssel Tiramisu auf dem Platz und wir setzten uns mit all den Kids an meinen Gartentisch und schlemmten wie die Räuber. Rundum zufriedene Gesichter. Ich fühlte mich in die Zeit zurückkatapultiert, wo das Blabla vom Ernst des Lebens noch nicht in meine Ohren drang. Ich fragte mich, was Kinder durchleben, bevor sie in die konfuse, hektische Erwachsenenwelt eintauchen, von der wir meinen, sie sei reifer. Ausgetreten aus dem Land der Könige und Elfen, wo man doch viel mehr wusste, als die Erwachsenen – die kennen ja nicht einmal mehr Geheimverstecke. Ja, wirklich: »Werdet wie die Kinder.«

Kinder stellen Fragen. Sie begehren auf, wenn sie etwas nicht verstehen und bevor die Sache nicht bereinigt ist, geht nichts mehr. Da werden sie zum bockigen Grautier. Dafür sind sie wiederum Meister im Verzeihen und Frieden machen, wenn der Gegenstand der Differenzen diskutiert und jeder Beteiligte angehört wurde. Ich beobachte da eine erstaunliche Sachlichkeit und Akzeptanz, die in den Politstuben der Erwachsenen oft schmerzlich fehlt.

Eine bittere Bilanz. Manche Erwachsene greifen tief in den Köcher, um ihre Giftpfeile abzufeuern. Das gemeinsame Streben nach dem Guten, nach Frieden und Unversehrtheit für alle scheint als vordergründiges Motiv unpopulär zu sein. Wir sind Höhlenbewohner mit Flatscreens und digitalisierten Keulen. Wir zertrümmern uns gegenseitig die Schädel und Seelen – wofür? Für einen lumpigen Haufen Geld, etwas Mobiliar und abstruse Ideen.

Kinder sind noch sehr Anteil nehmend. Mitleid, Neugier, Staunen, Freude, Leidenschaft und Mut kommen mir in den Sinn, wenn ich überlege, womit mich Kinder beeindrucken. Diese Lebendigkeit hat ihren Preis. Kinder wuseln herum, sobald sie wach sind und sie fordern unsere physische und psychische Präsenz, bis sie ihre Äuglein wieder schliessen. Oft bleibt nach einem ereignisreichen Tag für Erwachsenenaugen ein buntes Chaos zurück, wenn der Kindermotor endlich einen leeren Akku vermeldet – und der Feierabend verschiebt sich in die dunkle Nacht. Ein erfülltes Kinderherz schmiert den elterlichen Bewegungsapparat und auch sein Hirn. Wer Kinder betreut, muss verhandeln, besänftigen, Lösungen finden und Fragen beantworten. In Sekundenschnelle wechselt sich Philosophisches mit Sachfragen ab: Darf ich? Warum denn? Warum denn nicht? Hat Käthi auch Kinder? Warum hat sie denn keine? Warum kriegen denn nur Frauen Kinder? Warum ist der Himmel blau?

Das ist geistig anstrengender als das Tippen am stimmlosen Bildschirm. Neumütter und Neuväter stellen fest, dass sie vorher sackweise Zeit gehabt haben, ohne es zu merken und zu nutzen.

Hochgeschätzte Kinder, ihr seid unverzichtbare Fitnesstrainer und Vorbilder in Menschlichkeit und Lebensfreude. Wir brauchen euch!

DIGITALE DEMENZ

Ferienplanung. Die Eltern haben auf dem Stubentisch eine Landkarte ausgebreitet und bringen sich in Stimmung für die bevorstehende Reise. Der kleine Sprössling juckt hinzu, wirft einen interessierten Blick auf das Papier und versucht umgehend, es mit Daumen und Zeigefinger auseinanderzuziehen, um die Ansicht zu vergrössern. Erst einmal Gelächter ... dann beschleicht die Anwesenden ein mulmiges Gefühl. Ist der Junge bemerkenswert gelehrig oder hat ihn bereits im Vorschulalter die digitale Demenz heimgesucht?

Die Diskussion darüber, ob der digitale Fortschritt ein Gewinn ist oder nicht, finde ich müssig. Ich profitiere selber gerne von diesen leuchtenden Hilfsmitteln und Werkzeugen. Als Neohippierocker, der sich neben der Bühne auch gern ohne GPS in den Wiesen und Wäldern aufhält, bin ich jedoch bestrebt, dem digitalen Wahn Paroli zu bieten und die gesunde Balance zu finden. Ich hoffe, damit meinem Geist und Körper einen guten Dienst zu erweisen. Einmal mehr macht die Dosis das Gift. Glauben Sie mir: Ich freue mich wahrlich darüber, dass meine Waschmaschine mir den Gang zu Waschbrett und Zuber erspart. Dennoch sitze ich nicht stundenlang davor, um ihr beim Schleudern zuzusehen. Umso mehr erstaunt es mich, wie achtlos viele Menschen das echte Leben dem digitalen Pulsschlag opfern.

Spazierende Eltern schieben ihre Kinderwagen mit gesenkten Häuptern durch Stadt, Park und Spielplatz.

Nicht etwa, um sich auf Augenhöhe mit den Kids zu unterhalten, sondern weil sie sich offensichtlich permanent ihrem Bekanntenkreis mitteilen wollen. Bei den neuen, riesigen Smartphones benötigt man oft beide Hände, um sie zu bedienen. Folglich ist der Handysüchtige praktisch gezwungen, das Babycabrio mit dem Bauch zu schieben, und das möglichst erschütterungsfrei. Es ist wohl nur eine Frage der Zeit, bis sich auch dieses Problem mittels digitalen Spielzeugs lösen lässt und das Kind ferngesteuert spazieren fährt. Unterdessen kann Mama der Kollegin das süsse Filmchen weiterleiten, welches der Kollege ihr geschickt hat. Und sie können sich gegenseitig per Wazäpp entzückte »Jööös« zusenden, weil das Zeichentrick-Bärli oder -Kätzli auf dem Display so putzig trällert.

Der Nachwuchs sieht auf seiner Spazierfahrt andere Dinge: Zum Beispiel zwei Hunde, die sich beschnuppern und begrüssen. Die Vierbeiner tun das natürlicherweise. Sie sind nicht im Besitz eines Smartphones und holen sich ihre Informationen über das andere Wesen auf diesem Weg. Sie wissen von nun an, ob sie den Kollegen Lumpi riechen können oder nicht. Die Eigenart des digitalen Sozialkontaktes ist ja, dass man gar nicht mitbekommt, welcher Körpergeruch den anderen umgibt. Die digitale Welt stinkt nicht.

Das Buch *Digitale Demenz* von Manfred Spitzer zeigt uns, wie nahe und gefährlich die digitale Sucht ist. Er mag die Sache etwas überspitzen – nomen es omen – aber sicherlich ist Doc Spitzer nicht einer, der haltlos Wände mit dem Teufel bemalt. Der bekannte Hirnforscher bringt alarmierende Fakten. Wer einem Kindergartenkind erlaubt, am Computer zu spielen, wer seinem Teenager gestattet, jeden Tag Stunden mit Spielkonsole und in Online-Netzwerken zu verbringen, fügt dem Nachwuchs vor allem Schaden zu. Erwachsene haben fertige, entwickelte Gehirne, Kinder nicht. Nachgewiesen sind Aufmerksamkeits-, Schlaf- und Lesestörungen, Ängste, Übergewicht, Gewaltbereitschaft und Abstumpfung.

Die Empfehlungen für achtsame oder überforderte Eltern: Leben Sie die Dosis und ihre Werte klar vor. Was andere Kinder in der Schule und der Freizeit machen, muss mein Kind nicht unbedingt auch machen. Keine Technik im Kinder-und Jugendzimmer, sonst verlieren die Verantwortlichen sämtliche Kontrolle über Konsum und Missbrauch. Und die wichtigste Botschaft: Es geht nicht darum, nur Spass zu haben, sondern Spass zu haben bei Aktivitäten, an denen man wachsen kann.

Wenn jemand besonders viele virtuelle »Freunde« hat und sich durch zahlreiche Einträge auf sozialen Plattformen auszeichnet, dann tut er mir fast leid. Welcher Schmachtlappen vernachlässigt schon seine Liebsten und setzt sich mausbeinallein vor den Computer, um an seinen diversen Profilen zu schrauben? Wie egal müssten mir Heim und Garten, Leidenschaften, Beruf und meine Freunde sein, wenn ich derart im Netz hänge? Ja, ich bin ein hausbackener Mensch, denn das alles ist mir heilig. Bin ich nun schon wieder modern und rebellisch? Mein Slogan für die Youngsters heute: *Schockiere deine Eltern – Lies ein Buch!* Eines aus Papier!

BUCHSTABENSUPPE

Buchstaben ziehen mich seit jeher in ihren Bann. Ich halte diese Erfindung der Menschheit, mit Linien in verschiedenen Formen zu kommunizieren, für genial. Obschon wir lediglich 26 Lettern zur Verfügung haben, sind wir in der Lage, damit einen emotionellen Tsunami loszutreten und Stimmungen zu transportieren, die wir, objektiv gesehen, doch gar nicht in dieses Gewusel von Zeichen packen können. Und doch geht es – grosses Kino! Ein befreundeter Verleger nennt mich einen Stilisten – das gefällt mir. Ich probiere immer wieder, dem Inhalt eine gewisse Farbe und Rhythmus beizumischen. Musikalisch ausgedrückt: Den Sprachswing. Phasenweise gelingt es.

Unsere ganz persönliche Art, wie wir aus den einzelnen Lauten Wörter formulieren und daraus Sätze komponieren, liefert auch ein Bild davon, wie es in unserer Seele aussieht. Obwohl ich das im Text gar nicht beschreibe. Das Schreiben und Lesen hat eine metaphysische Dimension. So kann mich nach der Lektüre eines Buches, eines Interviews oder der Kolumne eines anderes Schreibakrobaten gar das Gefühl heimsuchen, den Verfasser zu kennen, ich fühle mich ihm seelenverwandt und ginge am liebsten etwas mit ihm schlürfen ... kennen Sie das?

Kürzlich paarte sich das Buchstabenwunder in den Tiroler Bergen mit einem anderen sinnlichen Grossereignis im Leben des Menschen – dem Essen. Ich fand folgendes

Angebot auf der Kinderkarte: Teller und Besteck zum Krachmachen – 0.00 Euro.

Sprache kann uns – einerlei, ob in gesprochener oder geschriebener Weise – auf einen Schlag aufheitern, entzücken und beflügeln. Ebenso vermag sie uns binnen eines Atemzugs aus der Bahn zu werfen oder vibrieren zu lassen. Jeder von uns erinnert sich an eine unfeine Bemerkung, die sich schmerzhaft in die Seele gebrannt hat und auch nach Jahren nicht verschwinden will. Andererseits trage ich verbale Schätze in mir, lieb und teuer. An denen halte ich mich in Zeiten des Zweifelns fest.

Sprache ist offensichtlich ein Machtinstrument. Manchmal, wenn ich in einer Zwickmühle bin, wo eine schwierige Situation eine Reaktion von mir erfordert, mache ich erst ein Gedankenspiel: Welches wäre die direkteste und niederschmetternste Antwort, die ich geben könnte? Was weiss ich zu sagen, das sitzt? Danach überlege ich mir die witzigste oder charmanteste Antwort, die ich auf diese unangenehme Sache geben könnte.

Normalerweise wähle ich ehrlichen, ungeschönten Klartext, wobei die Haltung des Empfängers schon eine Rolle spielt. Muss ich jemanden fadengerade aufklären, auf seinen Platz verweisen oder will ich ihm eher Mut machen und den Sand von den Schultern klopfen? Meist finde ich so meinen Weg.

Bereits Grundschulen und Eltern müssen sich heute mit dem Thema Cybermobbing befassen. Das Internet wird als beinahe rechtsfreier Raum für allerlei Schimpf und Schmutz benutzt. Wer dem verbalen »Nahkampf« nicht gewachsen oder zu feige ist, dem bieten sich einschlägig platte Formen an, um Dreck hinter dem Gesicht hervor auf den Bildschirm zu schleudern. Das ist oft nicht schön und grausam.

Ich gebe mit meiner Art zu kommunizieren vieles von mir preis. Sprache ist eine individuelle Stil- und Charakterfrage. Ebenso wie die Art zu gehen, die Schrift oder die Kleidung es sind. Auch in der Sprache zeigt sich, ob ich eher ein Trendsetter und Wiederkäuer bin oder ein eigenständiger Anwender. Ich liebe es, mit der Sprache zu spielen und hie und da gelang mir ein Volltreffer. Die Ausdrücke »Dumpfgummi« und »Blockflötengesichter« verbreiten viel Freude und »Meh Dräck« wurde gar zum Wort des Jahres gekürt. In unseren Songs hingegen bevorzuge ich Englisch. Ich suche Ausdrücke, die Google und YouTube, in dieser Zusammensetzung, noch nicht kennen. »Hoodoo Woman«, »Dög Song«, »Bedside Radio«, »Easy Rocker«, »Long Stick Goes Boom« …

Der begnadete Künstler David Bowie, der die Pop- und Modewelt revolutionierte, sagte mal: Würde Gott zu den Menschen sprechen, täte er das auf Deutsch. Das könnte stimmen, denn es gibt kaum eine Sprache, die einerseits so dramatisch verspielt und andererseits so zackig präzis ist. Die schönsten deutschen Wörter für mich sind: Geborgenheit, Sternenstaub, Morgenland, Schmetterling, Fernweh und Vergissmeinnicht. Sie beschreiben auf unglaubliche Art ein Gefühl, für das ich sonst kein Wort kenne. Pure Musik! Aber auch »lieben« ist wunderschön, weil es nur ein »i« von »leben« entfernt ist. Und »Lust« beschreibt aufs Vortrefflichste diesen Zustand. »Hafenkran« tönt etwas härter – ist es auch. Übrigens: wenn man diesen wunderbar stolzen, verlebten Kran schon unbedingt in Zürich hinstellen musste, warum liess man ihn dann nicht auch mindestens ein paar Jahre da stehen? Er hätte dem herausgeputzten Zürich sicher nicht geschadet. Der perfekte Kontrast zu den Limmatquai-Kafis, Sonnenbrillenshops und Nobelboutiquen.

Wussten Sie übrigens, dass Vanille aus dem lateinischen Vagina abgeleitet ist und Klavier ursprünglich aus Schlüssel hervorging? Fabelhafte Etymologie! Dann gibt es noch die unübersetzbaren Wörter, jene, die einmalig sind in einer bestimmten Sprache. Besonders angetan bin ich von den schönen japanischen Zeichen die *Komorebi* bedeuten. Das heisst: Das Sonnenlicht, das durch die Bäume scheint. Das Zusammenspiel von Blättern und Sonne. Wunderbar! Oder im Spanischen: *Sobremesa*: die Zeit, in der man sich mit Menschen austauscht nach einer Mahlzeit.

Im Indonesischen gibt's das Wort *Jayus* – das steht für einen schlecht erzählten Witz, der überhaupt nicht funny ist. Und im Hawaiianischen sagen sie *Pana Po'o*, was den Akt beschreibt, wenn du etwas vergessen hast und dich am Kopf kratzt. Im Schwedischen steht *Mangata* für die glimmernde Reflektion des Mondes auf dem Wasser und die Inuit sagen *Iktsuarpok*, wenn sie ungeduldig sind und schauen, ob jemand kommt. *Waldeinsamkeit* beschreibt das Gefühl wenn du allein im Wald bist, verbunden mit der Natur.

Natürlich hat Nietzsche recht, wenn er sagt, dass Wörter nicht alles sagen können. Sie sind nur Symbole für Beziehungen zwischen Sachen und Menschen. Sie können nicht die absolute Wahrheit ausdrücken.

Das mag sein, aber sie beschreiben etwas kraftvoll und auf wunderbare Art und Weise. Wer dazu mehr wissen möchte, dem empfehle ich das grossartige Buch von Guy

Deutscher, *Im Spiegel der Sprache*, in dem der Linguist den Zusammenhang einer Sprache und ihrer Sprecher verdichtet. »Ich spreche Spanisch zu Gott, Italienisch zu den Frauen, Französisch zu den Männern und Deutsch zu meinem Pferd.«

Die scherzhafte Vermutung Karls V., dass verschiedene Sprachen nicht in allen Situationen gleich gut zu gebrauchen sind, findet wohl auch heute noch breite Zustimmung. Doch ist sie aus sprachwissenschaftlicher Sicht haltbar? Sind alle Sprachen gleich komplex oder ist Sprache ein Spiegel ihrer kulturellen Umgebung – sprechen »primitive« Völker »primitive« Sprachen? Und inwieweit sieht die Welt, wenn sie »durch die Brille« einer anderen Sprache gesehen wird, anders aus?

Dieses Buch von Guy Deutscher ist eine sagenhafte Tour durch Länder, Zeiten und Sprachen. Auf seiner Reise zu den aktuellsten Ergebnissen der Sprachforschung geht man mit Captain Cook auf Kängurujagd, prüft mit William Gladstone die vermeintliche Farbblindheit der Griechen zur Zeit Homers und verfolgt Rudolf Virchow in Carl Hagenbecks Völkerschau auf dem Kurfürstendamm im Berlin des 19. Jahrhunderts. Mitreisende werden mit einer glänzend unterhaltsamen Übersicht der Sprachforschung, mit humorvollen Highlights plus unerwarteten Wendungen und klugen Antworten belohnt.

»Die Grenzen meiner Sprache bedeuten die Grenzen meiner Welt« (Wittgenstein, *Tractatus logico-philosophicus*), stimmt, und ich bin – alterseidank – längst niemandem mehr ausgeliefert, der mir nicht passt und nicht gut tut. Meine Ohren führe ich an Orte, wo eher meine Lachfalten gefördert werden denn die Sorgencanyons. Sonst bin ich wohler daheim mit einer guten Buchstabensuppe. In dem Sinne: Salem Aleikum, gehen wir in Frieden, aber gehen wir ... mindestens 10 000 Schritte pro Tag, empfiehlt Hausdoktor Ali Mabulu.

DIE RITTER DER KOKOSNUSS

»Danke, dass Sie an der Zukunft der Schweiz mitwirken«, meinte der neue Bundespräsident bei seiner Neujahrsansprache.

Ich lag auf meiner Denkercouch und sinnierte darüber, was der Bundespräsident uns damit sagen wollte. Zwei Riesenraben flogen am Fenster vorbei. Ich nahm ein paar abgelegte Artikel der letzten Wochen zur Hand und staunte, was da alles drinstand.

Das Bundesgericht verfügte, dass private Weihnachtsbeleuchtungen um ein Uhr abzuschalten seien – Achtung! – ab dem sechsten Januar schon um 22 Uhr! Eine Bündner Gemeinde will ein Verbot von Gartenzwergen durchsetzen und Hobbyfeuerwerker müssen ab jetzt einen teuren Kurs besuchen, wenn sie Raketen in den Himmel steigen lassen wollen.

Ich könnte hier 50 Seiten lang den kleinen und grossen Regulierungswahn aufführen. Es grüssen die Ritter der Kokosnuss! Oder anders gesagt: Ich sehe Zeichen von Übermut und trunkener Abgehobenheit, während ein Grossteil der Welt am Taumeln und Ächzen ist.

Mit anderen Worten, der Staat mischt sich zunehmend dort ein, wo er nichts zu suchen hat: Wir regulieren uns zu Tode und machen keinen Schritt mehr ohne Juristen und Anweisungshandbuch. Eine Welt zum Schreien, ohne nennenswerte Liberalisierungen.

Erstaunt es da, dass das Verwaltungswesen mehr wächst als die Privatwirtschaft? Jemand muss diesen Irrwitz ja erfinden, bearbeiten und durchsetzen. Der Personalzuwachs der letzten Jahre bei Bund, Kanton und Gemeinden bewegt sich im fünfstelligen Bereich. Auch im nächsten Jahr soll die Staatsquote weiter ansteigen. Nur wenige denken an die Folgen dieser Fehlentwicklung. Man schaue nur mal nach Frankreich. Es erstaunt mich immer wieder, wie wenig wir Bürger uns darum kümmern, wie die sauer verdienten Steuergelder eigentlich eingesetzt werden. Man akzeptiert es einfach als »verlorenes« Geld, als notwendiges Übel, zu dessen Verwendung wir eh nix mehr zu melden haben. Die Puppenspieler lassen ihre Puppen tanzen und die Falschen bereichern sich schamlos.

Ich betrachte das Treiben in Bern hie und da aus nächster Nähe. Folgendes ist mir aufgefallen: Selten hört einer dem anderen richtig zu. Eine richtige, vertiefte Debatte findet kaum statt. Fast jeder geht mit vorgefasster Meinung ans Rednerpult und liest meist parteigetreu vom Zettelchen ab. Andere verstecken sich während dieses 50-%-Jobs hinter dem Laptop, lesen Zeitung oder gucken auf ihr Handy. Als ich das zum ersten Mal sah, war ich konsterniert – was soll das? Ist das seriöse Arbeit, für die man 130 000 Franken plus fette Zusatzvergütungen pro Jahr bekommt? Und dann diese ewige Unruhe? Ich stellte mir vor, wie es wäre, wenn ein Privatunternehmen, ein Fussballklub oder eine Band solche respektlosen Meetings abhalten würde? Könnte dabei etwas Konstruktives herausschauen?

Schmunzeln musste ich, als letzthin ein geschätzter Kolumnenkollege etwas überspitzt einen Berufspolitiker fragte, ob er wirklich glaube, dass es sich bei der Politik beziehungsweise der Angewohnheit, allen Geld zu versprechen, dabei aber nur Kosten zu verursachen, tatsächlich um einen ehrbaren Beruf handle, der entlöhnt werden müsse. Und ob es denn nicht reichen würde, wenn wir den Parlamentariern einfach die Reise- und Verpflegungskosten vergüten würden. Die Antwort des Parlamentariers können Sie sich vorstellen, liebe Leser. Mitwirken könnte auch mal genaues, selbstkritisches Hinschauen sein!

Ich lese auch von Staatsstellen, die für das tägliche Kopieren von Dokumenten 7000 Franken pro Monat bekommen und von dem Führungschaos beim Bundesamt für Strassen. Die meisten Ämter können über ihre Leistungen und damit über ihr Budget frei entscheiden. Was die Arbeit tatsächlich kostet und ob für Preisgünstigkeit und Effizienz gesorgt wird, durchschaut längst niemand mehr und es wird eh meist nur die teuerste, aber längst nicht beste Variante bevorzugt. Siehe das Informatik-Insieme-Debakel, wo Insidergeschäfte, Filz und mangelnde Transparenz einen Fehleinkauf forcierten. Den Steuerzahler kostete das 102 Millionen Franken. Als wäre das nicht schon beunruhigend genug, werden parallel dazu Schulden angehäuft, als gäbe es kein Morgen. Sparen, das sollen gefälligst die anderen oder im dümmsten Fall halt die zukünftigen Generationen.

Nein, es reicht nicht mehr, nur die Abzocker in der Wirtschaft an den Pranger zu stellen und masszuregeln. Wir müssen jene Hochmütigen in der Politik, die hart verdientes Geld arg- und schamlos abkassieren und verschleudern, genauso kritisch angehen und kontrollieren. Je schneller, desto besser, denn ihr Treiben wird zunehmend dreister und die Leistung nicht besser. Dazu schaden sie all jenen, die einen respektablen, kräftezehrenden Herzblutjob im Staatswesen machen.

Etwas überspitzt ausgedrückt: Wenn man jedoch Menschen zu viel Geld fürs Nichtstun gibt, werden sie übermütig, verlieren Bodenhaftung, Motivation und wälzen die Verantwortung ab. Es ist eine Krankheit, gegen die eigentlich nur Fasten helfen würde, aber eben, wer hat den Mut und die Eier, das durchzusetzen? Für einen lumpigen Haufen Geld hat schon manch einer seine Seele und sogar die Familie verkauft. Wir kultivieren hier phasenweise ein falsches Anreizsystem aus dem Allesversprecher und Lügner wachsen, die logischerweise nicht mehr aus dem süssen Honigtopf wollen. Und neuerdings verbandelt sich sogar die freie Wirtschaft mit dem antiliberalen Staat, um an die Steuergelder zu kommen. Eine extrem ungesunde Entwicklung.

»Wenn das Geld regiert und nicht mehr dient, dann sagen wir Nein! Auch zum spirituellen Alzheimer, zur mentalen Erstarrung und zum Terrorismus des Geschwätzes, der Krankheit der feigen Menschen, die nicht den Mut haben, direkt mit jemandem zu sprechen.« Das sagte kürzlich der Papst Franziskus. Ich habe selten so weise Worte von einem Kirchenoberhaupt gehört. Er scheint ein gebödelter Mann zu sein.

Nun, Herr Bundespräsident, der Papst und ich sind zur Mitwirkung an unserer Zukunft bereit!

CHRISTKINDERLAND

Für viele mag die Weihnachtszeit nur noch Ärger und Stress bedeuten. Die ganze Materialschlacht, Konsumwut und Rastlosigkeit haben die einstigen Sinn- und Glücksgefühle dieses Rituals fast besiegt. Man mag nun gläubig sein oder nicht, wer aber in diesen Tagen an nichts Grösseres als an sich selbst und seinen Porsche glaubt, kann auch unter vielen Menschen recht einsam und leer bleiben.

Ich verbinde das Christkindfest immer wieder mit dem Glück, mit Eltern und Grosseltern feiern zu können, einem Glück, das es für mich nicht mehr gibt. So ist der Lauf des Lebens – nichts für empfindsame Seelen. Gerade an Weihnachten wird einem das schonungslos vor Augen geführt. Trotzdem klingt da, nebst der Freude meiner Tochter, noch etwas nach, an das ich immer wieder gerne zurückdenke – wundervolle Geschichten, als seien sie erst gestern geschehen.

Es war in unserem Elternhaus in Solothurn am Heiligen Abend im schön geschmückten Wohnzimmer. Kurz vor dem Essen sangen wir Weihnachtslieder, die Grossmutter wie immer köstlich falsch in den hohen Lagen. Zwischendurch ging meine Mutter in die Küche, um anzurichten. Mein Hund Buzzli beobachtete, wenn's ums Essen ging, die Szene ganz genau. Das wohlriechende Rollschinkli lag nur 20 Sekunden unbeaufsichtigt am Tischrand und schon war es im Mund des Labradors. Oma Ida-so-was-war-noch-nie-da rief entsetzt: »Gib aus Buzz, gib aus!«, was er auch sofort in geduckter Haltung tat. Wir Kinder hielten uns die Bäuche vor Lachen. So war er eben der Buzz und man konnte es ihm nicht verübeln, schliesslich wollte er auch etwas Spass haben an diesem Festtag.

Nach dem Nachtessen sassen wir alle um den Baum und bestaunten seine Schönheit, mit all den Kerzen, dem Glitter und Glimmer und den alten farbigen Kugeln, in denen sich das ganze Zimmer spiegelte.

Dann las unser charismatischer Grossvater Hermann aus der Bibel über die Geschichte von Jesu Geburt, den Hirten und der Herde. Das war der Kern dieses Festes, die bewegte Stimme des Grossvaters und der Blick zur Krippe mit all den schönen Figuren. Die drei Heiligen Könige, Maria, Joseph und ein kleines weisses Schaf, das friedlich auf dem Schilfdach lag. Ein ganz schwaches rotes Licht brannte im Inneren der Hütte. Ein unschlagbarer Anblick, gerade in dieser Einfachheit.

Daneben dann, unter dem Baum verstreut, die Geschenke, die so treffend den Gegensatz zwischen Erd- und Gottesreich, zwischen natürlicher und andächtiger Freude aufzeigten. Die Freude über Jesus Geburt im Stall von Bethlehem, dieses Kerzenlicht, der Duft von Zimtsternen und Lebkuchen, und dann diese drängende Unruhe im Herzen, ob nun das so lang Ersehnte auch unter den Geschenken sei. Eine wirklich skurrile Mischung.

Unvergessen bleibt mir das Gesicht meines vier Jahre jüngeren Bruders beim Anblick seines Geschenks. Es war ein Forscherkasten mit diversen Experimentierfläschchen. Etwas, das er sich immer schon gewünscht hatte. Im Glanze des feinen Kerzenlichtes erschien sein Antlitz wunderschön. Ein selig strahlendes, vor Glück und Freude ganz und gar verzaubertes, blond gelocktes Kindergesicht, so rein und leuchtend, wie ich es nie zuvor gesehen habe.

Während ich, ausser dem weissen Beatles Album, keines meiner Geschenke von damals noch in Erinnerung habe, blieb das Bild dieses Brudergesichtes für immer in mir haften. Später fand ich heraus warum. Es war nicht nur Schönheit, der diesem magischen Moment innewohnte, nein, es war auch ein entferntes, damals noch nicht bewusstes Erkennen, dass meine Kindheit vorbei war. Mein Bruder erlebte seine Geschenke wie ein Paradies. Mir blieb dieses unbeschwerte Glück bereits versagt. Ich konnte es zwar noch von aussen betrachten, aber die Unschuld, das Wertvollste war verloren. Ich war zwar jetzt gescheiter und älter, aber auch kälter und verächtlicher.

Hermann Hesse schrieb: »Es gibt kein Wachstum das nicht ein Sterben enthält. Es fällt in jedem Augenblick ein Blatt vom Baum, es welkt eine Schuppe von mir ab. Dies geschieht in jeder Stunde unseres Lebens, es ist des Werdens und Welkens kein Ende. Nur selten sind wir wach und achten darauf, was in uns vorgeht. Aber muß das so sein? Warum eigentlich scheint es uns selbstverständlich, daß das Leben eine böse Macht ist, die aus dem Kinderland hinein in Schuld, Enttäuschung und ungeliebte Arbeit führt? Warum soll Freude und Unschuld diesem Leben notwendig zum Opfer fallen?«

Ich weiss es nicht, doch seit ich mir diese Frage stelle, sind für mich Weihnachten und auch viele andere Tage des Jahres wieder wertvoller, bedeutender und inhaltsvoller geworden. Nicht Geld, Macht oder Besitztum machen uns reicher, sondern Hingabe, Teilnahme und Liebe. Das ist ein altes Lied, ich weiss, aber Wahrheit veraltet nicht.

WÜSTENWINTER

Schnee! Ich breitete meine Arme aus, als er vom Himmel fiel. Auch heute vermag mich diese Kristallwatte wie in Kindertagen zu faszinieren. Die weisse Pracht beruhigt meine Psyche, dämpft die hässlichen Geräusche und bringt dieses unvergleichliche Licht hervor.

Ich malte mir schon aus, wie ich mit meiner Tochter als Zugabe ins Zermatter Winterparadies fahre. Sie hielt dem jedoch entgegen, dass sie nun wirklich genug gefroren hätte und warf mir diesen abgewandelten Rap-Satz an den Kopf: »Du bist verliebt in der falsches Wetter ... wie soll ich das begegnen?« Auf Seniorendeutsch: Bleib geschmeidig, wir gehen besser nach Ägypten in die Wärme. Ich bockte etwas, willigte aber schliesslich ein – unter der Bedingung, meinem langjährigen, geistreichen Life Coach Dr. Ali Mabulu, der den Winter stets in al Qusair verbrachte, einen Überraschungsbesuch abzustatten.

So rief ich Duppi von Duppenstein, den Minister für den Dienst am Service, Abteilung Spass am Leben, an. Wie es denn zurzeit mit etwelchen Terroraktivitäten am roten Meer so aussähe? Er meinte trocken: Der einzige Terror auf eurem Trip findet am Euroflughafen in Basel statt, beim Sicherheitscheck. Und er behielt recht. Übel gelaunte, französisch sprechende Frustianer machten einen auf CIA. Als ich sagte, dass ich mein Kopftuch aus nicht religiösen Gründen trug, durchleuchteten sie mir danach fast noch den Allerwertesten. Langhaarrocker zu schikanieren, gefiel ihnen.

Nach vier Flugstunden landeten wir sanft in Hurghada und unser Driver erwartete uns. Ashraff stand lächelnd neben seinem verbeulten, vom Wüstensand gepeitschten Kia. Er fragte, wohin er uns fahren dürfe. Und so gondelten wir Richtung Süden. Es fühlte sich an wie auf der A1 1975 – das heisst, alle zwei Minuten ein Auto. Dichtestress? Dieses Wort können sie hier nicht mal buchstabieren. Ich fragte Ashraff, ob das normal sei. Er nickte und meinte: »Wir haben viel Platz und fast keine Frauen am Steuer.« Wir könnten jetzt bis Port Sudan – so ca. 700 km – weiterfahren, er habe genug Wasser und Sprit im Kofferraum. Ich schüttelte den Kopf und antwortete, dass wir nach al Qusair müssten, unsere Frauen übrigens bestens Auto fahren und wir sie vor der Hochzeit sogar anschauen dürfen. Er blinzelte kurz: »Du meinst die Bikinifrauen?« – »Genau die, Ashraff.« Meine Tochter auf dem Rücksitz begann sich zu amüsieren. Das fand sie weitaus spannender, als sich im kalten Schnee die Zehen abzufrieren. Direkt von minus drei auf plus 25 Grad, das brachte Stimmung. Vor uns lag eine unendlich weite Wüste, gespickt mit ein paar lustigen Palmen. Wir schauten mit grossen Augen durch die Fensterscheiben und genossen die Magie dieser frischen Eindrücke.

Es war nachmittags gegen fünf. Unser Fahrer stoppte in einer kleinen Hafenstadt mit dem Namen Safaga. Wir vertraten uns etwas die Beine und betrachteten das muntere Treiben. Doch plötzlich war es aus mit der Ruhe! Haben Sie vor ein paar Wochen die Sirenen-Alarmübungen in der Schweiz mitbekommen? Hier in unmittelbarer Nähe des alten Hafens schmetterten gleich drei Muezzins los, und zwar volles Rohr. Meine Tochter zuckte zusammen und fragte, halb Spass, halb Ernst: »Papa, kommt jetzt der Krieg?« Ich lachte und erklärte, dass dies im Grunde das Gegenteil sei, nämlich ein Aufruf zum Gebet. Sie sah mich ungläubig an. »Was schreien sie denn so laut von den Türmen herunter?« – »Sie rufen immer wieder ›Gott ist gross‹ auf Arabisch und das fünfmal innert 24 Stunden.« – »Auch in der Nacht?« »Nein, aber vor Sonnenaufgang am Morgen.« Mein Tochterkind hob die Augenbrauen und ich schmunzelte. Ja, wie würde ich reagieren, wenn mir in aller Herrgottsfrühe aus einem übersteuerten Megafon die Grösse von Gott eingehämmert würde? Könnte dies mein Herz erwärmen? Vermutlich etwa gleich wenig wie das übertriebene Sturmgeläute der Solothurner Kirchenglocken, die in Gottes Namen alles überdröhnen. Da lobe ich mir den Ruf des Kuckucks oder des Muschelhorns.

Eine Stunde später waren wir in al Qusair. Das Hotel, von einer Schweizerin geführt, präsentierte sich wie ein Märchen aus 1001 Nacht. Die Begrüssung war ein Ereignis, Palmen- und Bugaliengärten ein Zauber und das Nachtessen ein Gedicht. Selig sanken wir in unsere Betten und die Wellen des nahen Meeres wogen uns in einen wohlverdienten Schlaf.

Tags darauf machten wir uns auf den Weg zu Ali Mabulu. Wir trafen auf ein lustiges Bogendachhaus im nubischen Stil ausserhalb der Stadt. »Ihr sucht Ali?«, fragte die kleine Haushälterin Mucka. »Der ist nicht hier, er reiste vorgestern zum Skifahren in die Schweiz.« – »Wie bitte …!?« Enttäuschung. Aber nur kurz, denn ich erinnerte mich zum Glück an einen seiner stärksten Sätze. Nein, es war nicht: »Hütet euch vor den Iden des März«, sondern: »Du findest selten, was du suchst, sondern bekommst immer das, was du gerade brauchst.«

Sand! Ich liess ihn durch die Finger rieseln, als wir zurückschlenderten und musste zugeben: Der warme Steinpuder fasziniert mich nicht minder als der kalte Puderzucker.

GLEICHMACHERMURKS

Wir fühlten uns dem Himmel nah. Und offensichtlich waren wir auch der Sonne näher gekommen, als wir auf einem Felsblock neben Schneefeldern Siesta hielten. Bereits beim Abstieg erhärtete sich der Verdacht, dass wir unsere Gesichter sogleich als Nachtlichter einsetzen können.

Wenn ich zuweilen die verdichteten Wohngebiete verlasse, sehe ich die verschiedenen Backgrounds der Mitmenschen. Von wegen kleine Schweiz! Wer ein paar Tage in Berghütten verkehrt – wo bisher weder Latte Macchiato noch Cola Zero hinaufgeklettert sind – und anschliessend nach Zürich fährt, muss mit einem Kulturschock rechnen! Ich bezweifle, dass das auch den Bildungspädagogen stets bewusst ist, wenn sie in den Verwaltungsgebäuden und Fachhochschulen zwischen Nespressomaschinen und Klassenzimmer umherschreiten und ihre Lernmethoden postulieren. Ein neues Schuljahr beginnt. Wer sind die Kinder, die da hingehen sollen?

Der Emmentaler Sämi bessert sein Taschengeld auf, indem er im Acker Mausefallen verlocht, der Zoran jagt derweil im betonierten Agglokasten vor einem Bildschirm Soldaten durch einen Rohbau und irgendwo in einer Acht-Zimmer-Terrassenvilla packt Emma unter der Aufsicht ihrer Nanny Tennisschläger und Turnschuhe in eine Sporttasche. Die drei führen ein völlig unterschiedliches Leben – vom Zmorge bis zum Znacht. Und es würde uns nicht wundern, wenn der Sämi einen bäuerlichen Beruf ergreift, Zoran Elektronikverkäufer wird und Emma Jura studiert. Aber wäre es auch andersrum denkbar? Die Bildungsexperten sprechen von Chancengleichheit – ich stelle vor allem einen grossen Eifer im Gleichschalten fest. Bringt's das überhaupt?

Ich glaube, dass wir die besten Chancen vertun, wenn wir Sämi, Zoran und Emma und ihre Land- und Stadtschullehrer harmonisieren, pasteurisieren, sterilisieren und alle an den gleichen Ort müpfen. Denn diese Kinder und ihre Rudelführer haben völlig unterschiedliches Potenzial und ebensolchen Förderbedarf. Wenn wir sie schon in der Primarschule zu Englisch und Französisch zwingen, statt *eine* Fremdsprache richtig zu vertiefen, sind die Schwachen überfordert und bremsen die Starken aus. Individuelle Wahlfreiheit wäre angebrachter – neben den Kernfächern könnte sich jeder Schüler auf Gebiete konzentrieren, die ihm liegen. Für Zoran ist es überlebenswichtig, in Deutsch sattelfest zu werden, damit er eine Lehrstelle bekommt und seinen Lebensunterhalt bestreiten kann. Fertig. Emma will am liebsten an ihrer Sportlerkarriere schrauben und den Sämi nimmt am meisten wunder, was die Argrarwissenschaft Neues an den Tag bringt. Heute, wo die Menschen zunehmend Mühe haben, Hasen und Chüngel, Zwetschge und Pflaume oder Rasen und Wiese zu unterscheiden, sind wir froh um solche Sämis, die das Wissen über die natürlichen Zusammenhänge quasi mit der Muttermilch aufsaugen.

Früher erlebte ich pädagogischen Wildwuchs. Oft richtete sich der Unterrichtsstoff nach den Steckenpferden der Lehrpersonen. Bei der einen wurden Schlangen im Klassenzimmer gehalten, bei der anderen zur Sternwarte gepilgert und bei der dritten kriegte man eine Ausbildung in Chorgesang und Walzertanzen verpasst. Für die Schülerschaft war es ein Glücksfall, wenn Chemie und Interesse mit den Affinitäten der Lehrkraft übereinstimmten. Manche hatten aber das Gefühl, die berühmte Popokarte gezogen zu haben. Diese Problematik ist heute entschärft, aber nicht beseitigt. Trotz Gleichmacherwahn sind manche mit der Themenwahl glücklich und andere müssen darben. Dafür gleichen Herstellung, Art der Korrektur und Bewertung von Tests bald einer Doktorarbeit. Es muss gerecht sein. Kernkompetenzen und erweiterte Kompetenzen werden definiert und prozentual geprüft. Dies wird gemanagt von Menschen, die vielleicht die Kommaregeln herunterbeten können, aber überfragt sind, wenn ein Kind wissen will, weshalb die Milch weiss ist. Was ist Elementarwissen und wer bestimmt das? Bildungsdirektoren vertrauen in dieser Hinsicht ihrem Hofstaat – den Bildungsexperten, welche nicht selten »abverheite« Lehrer sind. So erklärt sich die Herummurkserei im Bildungswesen.

Möglicherweise läuft es im Schulwesen ähnlich wie mit dem Gemüse beim Grossverteiler. Dort schlägt das Pendel jetzt zurück. Man will den Kunden wieder ein dreibeiniges Rüebli kaufen lassen, wenn er Freude daran hat. Unter dem Label Ünique – Einzigartigkeit – soll die Ware so feilgeboten werden, wie sie gewachsen ist. Da fällt mir ein: Mittlerweile gibts Wassermelonenbauern, die zimmern Schablonen, damit das Fruchtgemüse artig hineinwachsen und dann als Würfel geerntet und gestapelt werden kann. Ob sie das den hiesigen Schulen abgeschaut haben?

Unsere Gesichter sind derzeit auch ünique. Der Teint hat etwas von Tomaten, die weit gen Himmel gewachsen sind … Henu, wer den Himmel berühren kann, sollte auch nicht an seiner Gesichtsfarbe herumstudieren.

GARTENZAUBER

Am liebsten sitze ich draussen auf meiner Holzbank. Sie steht am Ende meines Gartens, der direkt in ein grosses Feld zwischen drei Klöstern mündet. Wie schön ist es an sonnigen Tagen, diese Wiese zu betrachten! Butterblümchen, Margeriten, Johanniskraut, auch Herrgottsblut genannt, und zig Wildblumen kämpfen sich durch das im Wind wogende Gras. So etwas gibt's in keinem Blumenladen: frei, frech und wild, launig von der Natur angerichtet.

Der grosse Dominator ist aber der sonnengelbe Teppich der zu Unrecht verschmähten Saublume. Die Kühe mögen sie nicht wegen ihres bitteren Saftes, aber die Blätter sind eine schmackhafte Salatbeigabe und die Bienen lieben ihre Blüte. Es gibt Honig und Sirup davon. Die Pusteblume bereitet den Kindern viel Spass und mich animiert sie zur Morgengymnastik. Ich reisse zurzeit täglich um die fünfzig dieser Pfanzen aus meinem Garten, damit sie nicht überhandnehmen. Ich mag die eigenwillige Saublume, diesen Löwenzahn. Die geliebte Mutter meiner Tochter nenne ich heute noch so. Nicht, weil sie sich inflationär vermehrt – das tut sie nicht, sondern, weil dieser Name einfach zu ihr passt. *Löwenzahn* ... Das ist doch Musik, Poesie! Ein grossartiges deutsches Wort, perfekt!

Meinen Gartenstil würde ich als kontrolliert verwildert bezeichnen – inklusive »meh Dräck«. Leben und leben lassen, bloss kein Stress wegen ein paar Schnecken, Unkraut, Wildkatzen, Riesenraben, Frechspatzen, Igeli, Hunden oder sonstigen Kreuch- und Fleuchtieren, die via Feld zu mir kommen. Die haben alle ihren Platz und tragen ihren Teil zum Ereignis Garten bei. Momentan explodieren gerade die Apfelblüten und die sagenhafte Glyzinie alias Blauregen. Ich habe zwei davon: eine als Baum und eine als Kletterpflanze an der Hausfassade. Ihr pompöser Maiauftritt, ihre Farbe und ihr Klettertalent suchen ihresgleichen. Oft zur selben Zeit jubiliert auch der Flieder, dessen Duft fast unschlagbar ist. Daneben logiert seit Jahren ein Rhododendron in einem Tonkübel. Ich staune, wie er und die Stachelbeersträucher den Winter so schadlos überleben, ohne Heizung und Pulswärmer.

Der Garten ist für mich die Verwirklichung des eigenen Paradieses. Ich vermute aber, dass viele Menschen nicht den Mut oder das Interesse haben, in Sachen Gartengestaltung ihrer eigenen Stimme zu horchen. Sie tun schlicht dasselbe wie die Nachbarn: Abhauen, roden, flachmachen und darüber schimpfen, weil sich das Grünzeug nicht an die Topfgrösse oder die Grundstücksgrenze hält.

Der Mensch sehnt sich nach Natur. Aber nachdem die Unterkunft mit Garten bezogen ist, fallen oft die Stauden, Büsche und Bäume der Verstädterung zum Opfer. Die üppigeren unter den botanischen Erdenbewohnern entschliessen sich halt alljährlich im Herbst, einfach ihr Kleid auszuziehen und es gleich an Ort und Stelle auf den Boden zu werfen. Wenn sie wenigstens selber damit zum Grüncontainer watscheln würden, dann könnte man ja vielleicht Gnade walten lassen. So aber folgt der Kahlschlag und danach schmachtet man unter dem künstlichen Sonnenschutz statt unter luftig fächernden Ästen. Die würden eh nur Ungeziefer anlocken oder gar Vögel, die ihr Geschäft wiederum einfach auf den Gartentisch fallen lassen. Mit einem kleinen Rasen hat man seinen Frieden. Er lässt sich neuerdings bequem von einem Robotermäher streichholzkurz halten und verbleibt so lebloser als die Sahara. Kein Laub, keine Kröten, die sich in die Waschküche verirren und keine Amseln, die einem morgens mit ihrem Gezeter in den Traum reinschnorren.

Mensch, wann lerne ich, dich zu verstehen? Wie viel Natur willst du und bist du bereit zu verteidigen und mitzutragen? Warum bückst du dich lieber im Fitnesscenter als im Garten? Warum lässt du dir Krabben, Crevetten und Tintenfische auf deinem Teller anrichten, ekelst dich jedoch vor den Würmern vor deiner Tür?

Oje, jetzt habe ich mich ins Feuer geschrieben – das verzeihe ich mir. Denn ich brenne wirklich für meinen Garten und die ganzen Viechereien. Aber mein sarkastischer Eifer stört mich selber. Es ist halt nicht immer einfach, ich zu sein. Zu üppig blüht es auch in mir drin. In meiner Seele spriesst der Sonnenhut neben giftigen Lupinen, dornigen Rosenranken und viel buntem Gjätt, das jeden Eingriff der Zivilisation überlebt. Meine Fantasie quillt oft über und nicht alle Gedanken, die spriessen, sind löblicher und lieblicher Natur, das will ich gestehen. Zuweilen klatscht wohl der Mohn aus meinem Löwenmäulchen und der Ritter spor009nt mich noch an. Dann werde ich zur gemeinen Nachtkerze. Wo die Herzen schlagen, ereifern sich die Zungen und aus Schalk wird zuweilen ohnmächtiger Zynismus.

Und die Moral von der Geschicht? Die Artenvielfalt braucht's doch, nicht?

LIEBE UND KARTOFFELN

Der Wonnemonat Mai kommt und ich habe Lust, über die Liebe zu schreiben. Wer sehnt sich nicht nach der ultimativen, nährenden, idealen Verbindung? Leider ist sie nur so wenigen vergönnt.

Haben Sie sich auch schon gefragt, ob Mann und Frau überhaupt zusammenpassen? Ich wurde zuweilen von bösen Zweifeln geplagt. Meine Erfolge in Sachen langfristige Partnerschaften waren nicht gerade berauschend. In der Grundschule lag die Trefferquote bei null. Die Mädchen standen betrüblicherweise auf andere Typen. Ich schien in der Gunst des anderen Geschlechts nicht attraktiver zu sein als eine Kellerschnecke, die auch in Sachen Ausdruck und Sprache eher wenig zu bieten hatte.

Später, als Musiker, drehte sich der Wind – plötzlich gab es ein Überangebot an Bienen, die sich um den Findelchris kümmern wollten, was nicht einfach war für das flatterige Blumenkind. Ich versuchte es immer wieder und hatte einige Beziehungen, die länger als fünf Jahre andauerten. Doch wenn die rosa Anfangsphase vorbei war, verloren wir jeweils das dringende Interesse aneinander. Wir zogen zwar am selben Strick, aber nicht in dieselbe Richtung. Ich begann mich zu fragen, ob ich überhaupt beziehungsfähig sei.

Der Vorteil dieser Wander- und Suchjahre war, dass ich die Muster der Männlein und Weiblein kennenlernte und studierte. Meine und die der anderen. Ich war nicht nur Langzeitstudent der Fleischwissenschaften, sondern Hochschüler der gesamten geistigen und seelischen Liebespalette und hatte ein gewaltiges Forschungsfeld. Da gab es richtige Berg- und Talwanderungen mit den unterschiedlichsten Lebewesen, ihren Bedürfnissen, Sehnsüchten und Macken. Vom Frauenverdreher zum Frauenversteher, vom Eintonmusikanten zum Polysymphoniker – wahrlich eine wunderbare, aber auch phasenweise nervenraubende Reise durch die Irrgärten des menschlichen Zusammenseins.

So komme ich zur Mutter vieler Fragen: Was ist Liebe? Ich würde gern Strasseninterviews machen, möchte von den Passanten wissen, ob sie der Meinung sind, sie jemals kennengelernt zu haben – so richtig Vollgas, ohne Wenn und Aber – und worin sie sich gezeigt hat. Liebe ist wohl mehr, als jemanden gut zu finden und mit ihm eine gute Zeit zu haben. Mehr, als jemanden als attraktiv, spannend, sexy, charmant oder liebenswürdig zu erachten. Liebe steht über diesen Attributen und es gibt viele Arten von Liebe. Wer Kinder hat, weiss das. Unserer Kinder wegen wachsen wir über uns hinaus. Ihretwegen kübeln wir Lebenspläne und unsere Messlatten von Gut und Böse. Sie loten unsere Geduld, unser Mitgefühl, unsere Tragfähigkeit, unser Verständnis und vieles mehr aus. Und obwohl sie sich selten nach unseren Vorstellungen richten, lieben wir sie mehr als uns selbst. Sind sie wohlauf und frei von Leiden, geht es uns schon ziemlich gut. Nur selten passiert es, dass Eltern mit ihren Kindern »Schluss machen«.

Manche Erwachsenen erreichen in der Beziehung auch etwas in dieser Art. An ihrer Seite ist ein Mensch, der nicht mehr aus dem Leben wegzudenken ist, und obwohl er möglicherweise vieles tut, was sie nicht gewollt hätten, ist ihr Dasein mit Liebe unterkellert. Wie ein unsichtbares Band, das über den irdischen Dingen steht, flutet sie den Raum. Ihretwegen verschieben sich Wertmassstäbe. Liebe, Freiraum und Vertrauen werden nicht mehr gross diskutiert und umkämpft, sondern einfach gelebt. Man braucht nicht mehr die guten Seiten des anderen zusammenschaufeln, um motiviert zu sein, die Beziehung weiterzuführen. Wir wollen sie trotz der Unperfektion. Auch dann noch, wenn der andere versagt, einen bitter enttäuscht und verletzt. Weil er wie ein zweiter Flügel ist.

Gerade in der Krise lernt man den Mitmenschen und die Qualität aller Beziehungen kennen. Manche Freundschaften gehen während grenzwertigen Lebensphasen, bei Todesfällen, Scheidungen, Fehltritten oder depressiven Erkrankungen in die Brüche, andere erhalten dadurch erst den richtigen Kitt. So gesehen müsste man sich fast eine Art Elchtest für die Beziehung herbeiwünschen, um zu erfahren, was einem der Partner bedeutet und wie es sich anfühlt, wenn er schutzlos, nackt, bedürftig, schuldig und mit Scherben in beiden Händen vor einem steht. Will ich ihn dann umarmen oder wende ich mich angewidert ab?

Lohnt es sich, nach solch intensiver Liebe zu streben, oder sollen wir vielmehr froh sein, einfach einen guten Partner gefunden zu haben? »Gut ist gut genug«, meinte kürzlich eine weise Person. Ich sage: mehr als schön ist nichts, besser als gut kann schnell ins Gegenteil kippen. Wiederum eine andere sagte, der Mensch bekomme stets genau so viel, wie er tragen könne. Wahre Liebe ist kein leichtes Gepäck … vielleicht eher eine Berufung. Meister Dante Alighieris Bonmot dazu: »Wenn du Liebe hast, spielt es keine Rolle, ob du Kathedralen baust oder in der Küche Kartoffeln schälst.«

Wer es also nicht ertragen kann, in der Küche Kartoffeln zu schälen, wird eben Kathedralen bauen wollen. Solche, die gut und damit zumindest gut genug sind.

DER IMAGETERROR

Der Mensch ist ein Herdentier. Wir sind soziale Wesen und passen uns an. Trotzdem ist für mich gerade die Einmaligkeit des Mitmenschen das wahre Wunder unserer Existenz. Jeden Erdenbürger gibt es lediglich einmal in seiner speziellen Ausführung. Diese Einmaligkeit authentisch zu leben, scheint aber in der Welt der Marken und Trends nicht einfach. Auf Schritt und Tritt wird unsereins mit Anregungen überfallen, wie wir und unsere Entourage zeitgemäss in Erscheinung zu treten haben, egal ob es uns wohl dabei ist. Manche Menschen haben die Substanz, dagegen Resistenzen zu entwickeln, andere geraten in Zugzwang und tappen im schlimmsten Fall in die Armutsfalle.

Gerade jüngere Menschen leiden unter der Furcht, im Offside zu landen, wenn sie nicht den angesagtesten Labels und Trends huldigen und unterwürfig die schrägsten Pflichteskapaden mitmachen. Wer seinen Haushalt mit Kindern teilt, ächzt unter den diesbezüglichen Diskussionen am Mittagstisch. Man gewinnt den Eindruck, die Schule werde spätestens mit der Pubertät für Trendflüchtige zum Folterplatz. Meine Tochter besucht eine Waldorfschule. Da hält sich das noch in gesunden Grenzen. Ein eigenes Handy, Smartphone oder iPad besass sie mit elf Jahren noch nicht. Zwischendurch lasse ich sie meine Geräte benutzen. Dann und wann spüre ich aber auch bei ihr einen gewissen Drang nach mehr oder eine Sehnsucht, sich der Klasse anzupassen. Öfters fragt sie nach Gameboys oder sonst was – offensichtlich bloss deswegen, weil andere diese Dinge haben. Ich verstehe das. Wer dazugehört, lebt mit dem guten Gefühl, okay, akzeptiert und normal zu sein. Wer anders ist, gerät gern in Erklärungsnotstand. Dennoch habe ich als Vater eigene Ansichten darüber, was die Kids nötig haben, was nährt und längerfristig zufrieden macht. Mitläufertum ist wirklich alles andere als stärkend, persönlichkeitsbildend und sicher nicht die optimale Überlebensstrategie.

Was es heisst, nicht dabei zu sein, habe ich am eigenen Leib in den Sechzigern erfahren. Mit meinen langen Haaren galt ich als »verweichlichter, unnützer, schwuler Dreckskerl« und wurde auf der Strasse sogar angespuckt, je nachdem, wo ich aufgetaucht bin. Das hatte auf unseresgleichen zwar eine verbindende Wirkung – wir waren ein eingeschworener Haufen Zottelfreaks gegen die langweiligen, grauen Igelbrüder – aber es hat auch ausgegrenzt. Kein gutes Gefühl. Das ging so weit, dass einem gewisse Jobs oder Dienstleistungen wegen der damals verpönten Haartracht verweigert wurden.

Der Unterschied zu heute? Wir waren damals Rebellen gegen den leeren Mainstream. Was alle hatten oder wollten, fanden wir spiessig. Unsere Betrachtungsweise war: Wer Luxusobjekte und Statussymbole nötig hat, muss ein geistiger Pfosten sein. Philosophieren war sexy. Sprüche wie »wir sind die Kinder, vor denen unsere Eltern uns gewarnt haben« räumten ab. Die heutigen Jugendlichen ticken andersherum. Viele wollen einer Mehrheit angehören, alles gratis bekommen und möglichst noch vom Staat subventioniert werden. Was neu und massentauglich auf den Markt kommt, wird rasch für unverzichtbar gehalten. Damals undenkbar.

Warum dieser Wandel? Vielleicht hängt es damit zusammen, dass jedes Pendel zurückschlägt. Irgendwann war alles möglich. Man hatte selbst mit einem Irokesenschnitt und Büroklammern im Gesicht die Möglichkeit, eine Schule zu besuchen, in der öffentlichen Badi durfte zumindest obenrum geblüttlet werden, und wo früher ein einziges, staatlich patriarchalisches Unisexradio trällerte, entstanden verschiedene Kanäle für unterschiedliche Bedürfnisse. Wie müssig ist es da, noch auffallen zu wollen ... Also schaue ich, dass ich dabei bin und dafür dann gleich ganz vorne. Das Mittelfeld ist für die Schlaffen.

Als höchstes Gut durch alle Gesinnungs- und Modeströmungen hindurch zieht sich der Wert der Toleranz und der Freiheit. Ich stelle mir spontan eine Szene vor, wo Yuppies und Hippies, Jodler und Rapper, Schwermetaller, Hebammen, Herrgottsschnitzer und Veganer, Harleyhengste und Flyertouris friedlich miteinander bei Spareribs, Linsensalat, Guinness oder Holundersirup den Feierabend verbringen ... Und gemeinsam ob dem schlechten Geschmack der anderen erfreut staunen ... Imagine!

Wer einen Mangel an Privatjachten und Kreditkarten betrauert, soll getröstet sein: Viel Grossartiges und Einmaliges gibt es gratis und man muss sich nicht fürchten, dass es einem geneidet oder gestohlen wird. Wir brauchen bloss Augen, Ohren und Riechkanäle zu öffnen. Lindenblütenduft, Vogelgesang, die Glut der untergehenden Sonne, das frisch gemähte Gras und die umwerfenden Blüten in ihren vielfältigen Farben und Formen ... Diese immer wiederkehrenden Wunder sind wohltuende Erscheinungen jenseits aller Modehipes. Gehen Sie hinaus – um die Öffnungszeiten brauchen Sie sich nicht zu scheren.

Auch wenn's nicht immer einfach ist, langfristig lohnt es sich, sich selbst treu zu bleiben, seinen eigenen Weg und sein eigenes Genre zu finden. Du zu sein, das, was dich atmet. Probleme kommen dann, wenn du vorgibst, jemand anderer zu sein.

DIE ZWANGSERNEUERER

Die Welt singt wieder: Vögel trällern vor sich hin und zwitschern miteinander um die besten Nistplätze. Hobbyflieger surren am Himmel und bunte Blümchen schiessen aus dem Boden. Zeit, nach draussen zu gehen – Weissensteinzeit!

Aber Mist … unsere schweizweit einmalige Sesselbahn ist nicht mehr. Als Kinder sind wir staunend damit auf den Berg gefahren. Natürlich gab es trotz den Wolldecken, die man mitbekam, hie und da kalte Füsse, aber es war ein Erlebnis, so freiluft zwischen den Tannen, nahe an den Felsen vorbeizuschweben. Man spürte, ja roch die Umgebung und fühlte sich wie ein freier Vogel. Geräusche, die zu vernehmen waren, stammten aus der Natur oder vom über den Mast rattern. Es waren wunderbare, lieb gewonnene Geräusche.

Inzwischen haben die Zwangserneuerer zugeschlagen. Es bedeutet ihnen offenbar nichts, solch ein geschichtsträchtiges, einmalig herziges Nostalgiegefährt zu erhalten. Sie wollen es lieber wegreissen und museal ausstellen. Denn so könnten auch die Gehandicapten bequem auf den Weissenstein wird argumentiert. Käme dieser Vorschlag von Herzen und wäre nicht reines Propagandagefasel, hätte man schon früher geeignete Busse für die Benachteiligten auf den Hügel chartern können. Auch im Winter. Man müsse zeitgemäss effizient sein, meinen sie. So eine gewöhnliche Löligondel soll her. Und damit alles finanziert werden kann und all das Volk, das nach oben katapultiert wird, auch beschäftigt ist, will man gleich noch den Berg ein bisschen verspassbauen. Erreicht worden ist bisher vor allem viel Frust mit dieser Zwängerei. Das Sesseli wurde für Jahre stillgelegt, mit dem Effekt, dass das wunderschöne Kurhaus nur noch halbjährlich betrieben werden kann. Eine klassische Verschlimmbesserung. Und natürlich etwas mehr Luxus. Doch hilft uns das, der Natur näherzukommen?

Heute läuft die neue Gondel. Sie wurde natürlich doppelt so teuer wie am Anfang geplant und kostet auch einiges mehr, will man sie nutzen. Die Strasse auf den Berg wird demonstrativ an Wochenenden gesperrt. Gefragt wurden die Bürger nicht. Es herrscht nicht nur Freude über den teuren Bau für so eine kurze Strecke, schliesslich sind wir hier nicht in Zermatt oder Wengen. Wem das ganze gedient hat, wird man erst noch sehen. Sicher nicht dem Naturfreund, der eher die Einfachheit sucht und mag. Ich mag die Freude am Neuen, das auch schon bald alt ist, jedem gönnen, bevorzuge aber klar das Einfache, Schöne und Naturnahe. Meiner Meinung nach wurde hier eine schweizweit einmalige Sache kaputt gemacht. Nennt mich einen hoffnungslosen Nostalgiker.

So läuft es landauf und -ab. Irgendein kleines Unternehmen, ein Kellertheater oder eine Schenke werfen gutes Geld ab und man wird grössenwahnsinnig. Dann wird projektiert, modernisiert, aufgepimpt und expandiert nach dem Motto: »Wenn schon, denn schon.« Die Kosten halten sich natürlich niemals im budgetierten Rahmen und so sieht man sich gezwungen, die Finanzen beim Staat oder Konsumenten wieder einzuholen. Der ist jedoch nicht willig, sich ständig rupfen zu lassen und hält sich fern. So kommt es, dass fast in jeder Gemeinde ein nagelneues architektonisches Denkmal zum Verkauf steht.

Auch im Schulwesen lassen sich Erneuerungsneurosen beobachten. Am einen Ort stehen Schulstuben leer und am anderen unterrichten die Lehrkräfte in jeder Besenkammer. Vor Inkrafttreten der Bildungsreformen wird die Tatsache, dass die erforderlichen baulichen Massnahmen vom Steuerzahler kaum tragbar sind, jeweils geflissentlich totgeschwiegen. Die Bevölkerung merkt's erst, wenn es zu ausserordentlichen Gemeindeversammlungen und einem Aufstand der Lehrerschaft kommt. Ähnlich verhält es sich mit den Lehrmitteln: Kriegt man ein Sprachbuch von 1971 in die Finger, bekommt man Augen wie Spiegeleier: Da wurde die Sprache noch richtig geübt! In nüchternem Schwarz-Weiss zwar, aber detailliert. Ein Buch von heute ist um ein Vielfaches teurer, vierfarbig und grosszügig illustriert, inhaltlich aber in einer wesentlich tieferen Gewichtsklasse. Derzeit gilt das Spiralprinzip: Vieles wird bloss jedes Jahr »angedacht«, in der frohen Erwartung, dass sich die Kids dabei sanft in die Höhe schrauben. Dabei wird stets gejammert, wie viel mehr die Kids heute zu büffeln hätten ...

Ich bezweifle, dass unsere Kinder heute glücklicher und kompetenter von der Schule abgehen, als wir es taten.

Wenn ich alte römische Schriften lese, wage ich zu behaupten, dass sich der Mensch in 2000 Jahren im Wesen kaum verändert hat. Die Bedürfnisse, Ängste, Neid, Gier, Freuden, Aggressionen und Sorgen sind grosso modo dieselben geblieben. Dem technischen Fortschritt hinken wir mächtig hinterher. Es gibt Dichter und Philosophen, die behaupten sogar, jeder technische Fortschritt bedeute einen menschlichen Rückschritt. Ein Dilemma! Denn Erfinder, Visionäre und Tüftler sind unverzichtbar und mir herzlich willkommen. Im Forschungs- und Medizinbereich brauchen wir sie dringend, im Energiebereich ebenfalls. Aber die Guys erfinden oft als Nebeneffekt einen Haufen Plunder, auf den die Menschen unkritisch abfahren und von dem sie sich versklaven und physisch und psychisch verkrüppeln lassen. Dabei gibt es einiges, das perfekt ist und von dem man die Finger lassen sollte. So wie Süssmost, Rösti, das Niesenbähnli, die direkte Demokratie, Streichhölzer, das Rad, die Gitarre, Mick Jagger, das Krokusli, die Baslerläckerli und natürlich Dublers Mohrenköpfe, die nach wie vor Mohrenköpfe heissen, auch wenn ein paar notorische Negativdenker das Wort gerne aus den Köpfen der Menschheit ausradieren würden.

Neues ist nicht zwingend besser, schöner, bereichernder und wohltuender. Wir brauchen die Verschlimmbesserungen de luxe nicht. Den Frühling habe ich auch vierundsechzig Mal erlebt. Er ist immer noch eine freudige und herzerwärmende Erscheinung. Es soll mir also ja keiner auf die Idee kommen, ihn reformieren zu wollen.

HYMNE AN HESSE

Letzthin war ich an einem schönen Geburtstagsfest eines lieben Freundes. Ich unterhielt mich angeregt mit seiner Frau zum Thema Schule und Lehrer. Plötzlich waren wir beim Thema Hermann Hesse. Wir stellten beide fest, wie wichtig in einer gewissen Phase dieser Autor für uns gewesen war. Wieder zu Hause, blätterte ich im *Glasperlenspiel* und im *Demian*. Zu meinem Erstaunen packte es mich erneut und ich fand in jedem dieser Klassiker Passagen, die heute wieder hochaktuell sind. Gerade dieser absurde Tanz um das Goldene Kalb, dieses alles nur auf Leistung und Gewinnmaximierung ausgerichtete Denken und Handeln macht immer mehr Menschen krank. Klar, auch ich bin ein Perfektionist, einer, der immer alles gibt im Job, aber ich habe das Glück, einen Beruf zu haben, der mich gerufen hat und den ich liebe: die Musik und das Schreiben. Als junger Sinnsucher war mir schon im frühen Alter klar: Was soll uns denn ein Dasein bringen, in dem wir entnervt, als milliardstel Rädchen einer zerstörerischen Maschinerie, mit der Lock-Karotte vor der Nase, zugedröhnt und abgemeldet durch den Kakao einer eiskalten Konsumgesellschaft gezogen werden, bis wir schliesslich in die Grube einchecken, in die wir nie mehr auschecken? Diese brisante Schlüsselfrage stellen sich auch heute wieder viele Jugendliche und Ältere zu Recht.

Es war schon immer schwierig, seinen Eltern oder Vorgesetzten klarzumachen, dass es vielleicht doch noch um etwas anderes als nur ums Gewinnoptimieren, Chrampfen und Funktionieren in dieser Gesellschaft – während der paar Mal 10 000 Tage, die wir haben – geht. Man arbeitet, um jemand zu werden, doch hat man dann keine Zeit, jemand zu sein. Allzu schnell und oft auch notgedrungen sind wir mitten in diesem Konsum- und Karrierewahnsinn gefangen. Ich nenne es das busy-going-nowhere-Syndrom. Wer erkennt schon frühzeitig den Preis, den wir für die fatalen Folgen der eindimensionalen materiellen Übertreibung bezahlen, oder etwa die gefährliche Wirkung dieses alles-ist-möglich-auf-Pump-Leasing-Systems? Buy now-pay neva!! Ein Teufelskreis, der manche Familie ins Elend stürzt! Längst nicht jeder ist stark und clever genug, den verführerisch dargebotenen Magerquark-Leerlauf, der uns seit frühster Jugend verfolgt, zu durchschauen. Die wahren, tiefen Sehnsüchte in uns sind längst zugeschüttet, kaputt stimuliert oder scheinen auf einmal illusorisch oder realitätsfern. Das Traurige daran: Im Inneren entsteht eine Leere, eine dumpfe Resignation oder Wut, die aus dem »Aufsteiger« einen geistigen und seelischen Absteiger macht. Und Hass auf die angeblichen Winner, die Manager mit den Millionenboni zu entwickeln, bringt rein gar nix – das überlassen wir gerne den Linken, die immer wieder verkennen, dass Kapitalismus immer noch um einiges besser ist als Kommunismus. Der wahre Luxus ist heute Zeit, Friede und Freiheit. Got it!?

Eine grosse Hilfe ist Hermann Hesse. Er gibt uns Mut, Trost und Hoffnung, indem er uns zurück zum Einfachen, zu den kleinen Dingen des Lebens führt. Er nimmt das ganze schön gebürstete Scheintheater um den grossen »Fortschritt« auseinander. Und wie! Da führt jeder Satz organisch und natürlich wie von Engeln geleitet zum anderen. Er beherrschte das Handwerk des Schreibens und die deutsche Sprache wie kaum ein anderer, und das Schöne daran: Es dient nicht nur sich selbst, ist keine hirnvermessene, sarkastische Kopfakrobatik mit erfundenen Figuren, die zwar berauschen können, aber uns danach meist leer und ratlos zurücklassen, weil's nicht lebbar, nicht zukunftsempfindlich ist. Nein, bei ihm geht's um den Duft eines neugierigen Lebens, der menschlichen Möglichkeiten und dem Auf-der-Kippe-Stehen. Kurz um die gottgegebenen Anlagen in uns und um den Mut, sie zu erkennen und dann zu verwirklichen.

Das Leben ist voller Fallen. Jeder will dir seine Marschroute, seinen Plan reindrücken und man muss schon höllisch aufpassen, seinen eigenen Weg, seinen eigenen Traum und sein Herzfeuer nicht zu verlieren oder zu verkaufen. Auch ich bin vielen Irrlichtern und Blendern gefolgt und vom Wege abgekommen. Zum Glück! So fand ich einiges über mich selbst heraus. Heute sehe ich diese Umwege, diese Bruchstellen und die Selbsthinterfragung nicht als Bedrohung, sondern als Chance, als Teil meiner Entwicklung.

Die Figuren in Hesses Bücher haben mir viel dabei geholfen. Charaktere wie der naturverbundene, fröhliche Vagabund *Knulp*, der den Sesshaften, Beschäftigten und Bedrückten ein Hauch von Magie und Freiheit bringt, den sie längst vergessen haben.

Dann die tragische, kopflastige Figur des Hans Giebenrath in *Unterm Rad*. »Keiner sah hinter dem hilflosen Lächeln des schmalen Knabengesichts eine untergehende Seele leiden ...« Ausgeleuchtet wird in diesem Buch auch ein fragwürdiges Schulwesen. »Wie ein Urwald gelichtet und gereinigt und gewaltsam eingeschränkt werden muß, so muß die Schule den natürlichen Menschen zerbrechen, besiegen und gewaltsam einschränken; ihre Aufgabe ist es, ihn nach obrigkeitlicherseits gebilligten Grundsätzen zu einem nützlichen Gliede der Gesellschaft zu machen.« Auch heute noch hochaktuell.

Oder die berauschende Sinnsuche des jungen Studenten Emil Sinclair in *Demian*, der beseelt von seinem inneren Drang nach Wahrheit und Selbsterkenntnis uns an das Licht eines Leuchtturms im grossen Sturm des Lebens erinnert. Schon das Vorwort zu diesem Werk haut einen um: »Mancher wird niemals Mensch, bleibt Frosch, bleibt Eidechse, bleibt Ameise. Mancher ist oben Mensch und unten Fisch. Aber jeder ist ein Wurf der Natur nach dem Menschen hin. Und allen sind die Herkünfte gemeinsam, die Mütter, wir alle kommen aus demselben Schlunde; aber jeder strebt, ein Versuch und Wurf aus den Tiefen, seinem eigenen Ziele zu. Wir können einander verstehen; aber deuten kann jeder nur sich selbst.«

In *Demian* beschreibt der Autor das Werden der Persönlichkeit, was der einzige, oft schwierige Weg zu einem höheren, wertvolleren Leben ist. Der grosse Feind dieses Prozesses ist die Konvention, die Trägheit und das Flüchten in die Gesellschaft. Hesse betont mit diesem Werk, wie viel sinnvoller es sei, sich mit allen Teufeln und Dämonen zu schlagen, als den Gott der Konventionen anzunehmen. Ich kenne kein stärkeres und wahreres Buch für einen heranwachsenden Menschen.

Dann das wunderbare *Siddhartha* das einem den Taoismus näherbringt. Der Suchende, über sich Hinauswachsende, wird dem Stehengebliebenen gegenübergestellt, das vergeistigte dem weltlichen und sinnlichen Leben. Ähnlich wie Paulo Coelho mit dem *Alchemisten* gelingt Hesse hier ein spirituelles Meisterwerk.

Narziss und Goldmund beschreibt die tiefe Freundschaft zwischen einem Geistes- und einem Sinnesmenschen im Mittelalter. Wunderbar!

Der *Steppenwolf* hatte einen wesentlichen Anteil am weltweiten Ruf des Autors – ein Donnerschlag. Nach der Herausgabe wurde das Werk jedoch sehr widersprüchlich beurteilt: Einerseits erfuhr es scharfe Ablehnung, andererseits begeisterte Zustimmung – diese vor allem in literarischen Kreisen und später in der Hippie-Bewegung. In Amerika verbannten »selbst ernannte Sittenwächter« diesen *Steppenwolf* aus Bibliotheken. In Colorado wurde dem Roman vorgeworfen, er propagiere »Drogenmissbrauch und sexuelle Perversionen«. Harry Haller erlebt sich als Steppenwolf, als ein Doppelwesen: Als *Mensch* ist er Bildungsbürger, an schönen Gedanken, Musik und Philosophie interessiert, hat Geld auf der Bank, ist Anhänger von bürgerlicher Kultur und von Kompromissen, Träger bürgerlicher Kleidung und mit normalen Sehnsüchten – als *Wolf* ist er ein vereinsamter Zweifler an der bürgerlichen Gesellschaft und Kultur, der sich für »ein den Bürgern überlegenes Genie«, einen Aussenseiter und politischen Revolutionär hält. Dieser ewige Gegensatz von Mensch und Wolf, von Geist und Trieb. »Ich war einmal ein Weiser und wusste viel. Ich war schon ganz nah am Ziel. Nun bin ich wieder ein Narr geworden, fange wieder von vorne an. Vielleicht werde ich noch brennen und morden ...« Da wird scharf geschossen. Ein Buch für die Ewigkeit.

Und zuletzt Hesses letztes grosses Werk *Das Glasperlenspiel*, wofür er auch den Nobelpreis bekam. Der Roman entwirft einen zukünftigen Kulturzustand, in dem nichts Neues, Aufregendes, Abenteuerliches mehr entdeckt und geschaffen, sondern nur noch mit dem Vorhandenen »gespielt« werden kann. Das Heraufziehen eines solchen Kulturzustands war die Sorge vieler Intellektueller in der ersten Hälfte des 20. Jahrhunderts. Umgangssprachlich wurde »Glasperlenspiel« daher zum Ausdruck für ein selbstzweckhaftes, eitles und unkreatives Hantieren mit kulturellen Klischees. Die Hauptfigur Josef Knecht ist jedoch derjenige, der sich am Ende von dieser sterilen Gelehrtenwelt abwendet, um sich dem Dienst an einem jungen Manne zu widmen, dem Wanderer, Ringer, Tänzer und Naturburschen Tito. In ihm verkörpert Hesse sein ersehntes Menschenbild der Zukunft. In der Schlussszene des Romans bringt Tito »der Sonne und den Göttern im Tanz seine fromme Seele zum Opfer dar«. Für diesen neuen, naturfrommen Menschen geht sein Erzieher Knecht in den Tod. Fazit: Die Gottheit ist in dir, nicht in den Begriffen und Büchern. Die Wahrheit wird gelebt, nicht doziert. Wirklich grosses Kino dieses Buch. Durch die ersten fünfzig, etwas trockenen Seiten muss man sich erst durchkämpfen oder sie weglassen, aber dann wird man mit einer einmaligen, unvergleichlichen Geschichte belohnt.

Hesses Schaffen, ähnlich wie Chopins Werk, wird oft von den verkopften Kritikern und der arroganten Intellektuellensauna als selbstverliebt und zu romantisch verklärt abgeurteilt. Als wäre sie minderwertig oder Schund, den man sich höchstens bis Mitte zwanzig zu Gemüte führen sollte. Jene Oberlehrer und Gralshüter der reinen Literatur und Musik vergessen dabei aber kalt lächelnd, wie viele Seelen und Herzen Hesse und auch Chopin inspiriert, erfreut und geöffnet haben. Und das ist tausend Mal nährender als alle Hirngespinste und Kopfgeburten einer kranken, zynischen Welt mit all ihren hippen Konstrukten. Jede neue Generation, die sich finden und definieren muss, entdeckt Hesse und Chopin wieder – ihre Stücke werden noch gespielt – noch lange!

Ohne Hesse wäre ich nicht der, der ich bin, hätte meinen Weg vielleicht nie gefunden. Ich kann ihm für die unendlichen Stunden harter Arbeit um das Ringen von Wort und Ausdruck gar nie genug danken. Er war, ist und bleibt mein Stern, meine unversiegbare Quelle in einer konfusen, kranken, oft herzlosen Welt. Oder mit den Worten von Thomas Mann: »›Der Steppenwolf‹ hat mich seit langem zum erstenmal wieder gelehrt, was Lesen heißt.«

FALSCHE SICHERHEIT

Wir leben in einem Land, in dem Meinungsfreiheit immer noch toleriert wird. Doch ich spüre immer mehr ein Klima der Angst, wo der freie Diskurs, wo Stimme und Gegenstimme, der Kontrapunkt, zu wenig kultiviert werden. Halbwahrheiten, Profitgier und Verfilzung nehmen zu.

Gleichgeschaltete, staatsgläubige Medienkampagnen überfluten immer mehr die Schweiz. Egal, ob es sich um politische oder wirtschaftliche Themen handelt.

Nicht mal ein vorübergehendes Berufsverbot konnte Dr. Johann Loibner mundtot machen. Er äussert sich unerschrocken zum Thema: Impfungen waren immer schon umstritten. Die ständig verbreitete Behauptung, die Seuchen seien durch die Impfungen zurückgedrängt worden, ist nicht haltbar. Die sogenannte Antigen-Antikörperreaktion als Grundlage einer sicheren Immunität gegen Infektionskrankheiten ist längst widerlegt. Der Rückgang der Seuchen beruht vielmehr auf veränderten Lebensbedingungen: ausreichende und ausgewogene Ernährung, genug zum Anziehen, menschenwürdiges Wohnen und sauberes Trinkwasser. Kriege und Armut lassen Seuchen jederzeit wieder hervorbrechen. Die Ärzte sollten auf das hören, was die Mütter an ihren Kindern beobachten. Sie sind in Wahrheit die Impfexperten. Eine Impfpflicht ist weder aus drohender aktueller Seuchengefahr zu begründen, noch wäre die Impfung in der Lage, Seuchen zu verhindern. Das sah übrigens auch Mahatma Gandhi so.

Vermutet habe ich das schon immer. Wer bekommt schon gern eine Nadel mit fragwürdigen Substanzen in seinen Körper gesteckt? Trotzdem wurde ich, wie viele andere auch, in meiner Kindheit x-mal geimpft, ohne zu wissen, was mir eigentlich geschah. Gebracht hat es nichts, ausser schlechten Folgewirkungen. Später erfuhr ich, dass der Mensch mit den Mandeln, den Schleimhäuten, dem Atemtrakt und der Magensäure über ein natürliches Abwehrsystem verfügt. Dies kann stärker oder schwächer sein, je nach Lebensstil, Typ und Medikamentenkonsum.

Erreger zur Stärkung des Immunsystems zu spritzen, vor allem bei Kleinkindern, wird zu Recht immer kritischer gesehen. Und es lohnt sich auch mal genau hinzuschauen, wer denn hier an was wie viel verdient und was genau denn Sinn macht bei dieser Impferei.

Wir haben unsere Tochter, ausser gegen Starrkrampf, bewusst nie impfen lassen und sie hat Kinderkrankheiten bestens überstanden. Viele kamen erst gar nicht und sie ist sehr selten krank, was ich auf gesunde Ernährung, genug Bewegung, das Stillen, harmonische Lebensumstände und das Nichtimpfen zurückführe.

Viele Eltern lassen impfen, weil man es ihnen ständig einredet. Aus Erfahrung und von meinen Bekannten weiss ich: Die meisten Ärzte wissen wenig bis nichts übers Impfen. In ihrer Ausbildung wird impfen per se als positiv angepriesen und als Heilsbringer alternativlos durchgewunken. Was mich auch stört, ist der zunehmende Druck von Behörden, Ärzten, Schulen, Kindergärten und dem sozialen Umfeld. Somit ist die Impf-Freiwilligkeit schon heute weitgehend eine Illusion.

Wer genau hinschaut merkt: Es gibt immer mehr Gesetze. Einige sind nötig, viele aber Unfug. Dem neuen Epidemiegesetz stehe ich kritisch gegenüber. Warum? Weil es zu ungenau formuliert ist und dem BAG, das auch unter dem Einfluss der WHO steht, mehr Befehlsgewalt gibt, als gesund ist. So können Behörden unter dem Gummibegriff »Notrecht« ein Impfobligatorium aussprechen, das dann die Kantone umzusetzen haben. Ich vertraue hier dem gesunden Menschenverstand an der Front einiges mehr zu als der Bundesverwaltung.

Es freut mich, dass der zuständige Bundesrat ein Impfskeptiker ist, aber auch er liess sich wohl von der BAG und den »unabhängigen Experten« beeinflussen. Man darf diese Entwicklung nicht einfach schönreden oder verharmlosen. Das zeigen schon die letzten Seuchenhipes wie Vogel- und Schweinegrippe. In der Panik trifft der Mensch meist die falschen Entscheidungen. Die Chef-Lobbyistin der Weltgesundheitsorganisation drückte auf den Alarmknopf für eine Pandemie, die es eigentlich nur auf dem Zeitungspapier gegeben hat. Eine völlig überrissene mediale Angstmacher-Kampagne ohne Einspruch. Die Chemiekonzerne machten mit dieser gezielten, globalen Verunsicherung Milliarden und der Steuerzahler bezahlte Millionen für Impfdosen und Spritzen, die danach auf dem Müll landeten.

Das wirklich Schlimme: Da wurden hierzulande unter dem Deckmantel der »ausserordentlichen Situation« alte, wehrlose Menschen zwangsgeimpft wegen einer Pandemie, die's gar nicht gab – ich persönlich kannte einen älteren Mann, der gesund war und drei Tage nach dieser Schnellimpfung tot. Er war nicht der Einzige, und seine

Frau bedauert noch heute zutiefst, dass sie sich nicht vehementer dagegen gewehrt hat. Aber bei den Impfvergötterern muss man mit der Nadel im Arm eingeliefert werden, damit sie zugeben, das Problem könne etwas mit den gespritzten Substanzen zu tun haben. Es gibt unzählige Impfopfer, doch die werden gezielt verschwiegen und die Mainstreampresse berichtet lieber über Exzesse der alternden Madonna, als dieses heisse Eisen anzupacken.

Die Einnahme jeglicher Medikamente *muss* freiwillig bleiben – wer ans Impfen glaubt, soll es praktizieren. Wer aber in letzter Zeit stutzig wurde, mit Impfopfern sprach und den mächtigen Einfluss der Pharmaindustrie auf das ganze Gesundheitssystem erkennt, dem sollte ohne Druck erlaubt sein, sich dieser Art von »Heilung« zu entziehen. Eine Anpassung an andere Länder und Gesetze muss höchstkritisch und von interessenfreien Gruppen geprüft werden, damit kein blinder Herdenreflex entsteht.

Informieren Sie sich genau, es lohnt sich. Benjamin Franklin hatte recht: »Wer die Freiheit aufgibt, um Sicherheit zu gewinnen, wird am Ende beides verlieren.«

WENN DAS PENDEL SCHLÄGT

Umzüge haben etwas Schicksalhaftes. Wer sich nicht gerade siedlungsintern umtopft, leitet damit ein neues Zeitalter in der persönlichen Biografie ein. Und wer einen neuen Wohntraum realisieren kann, karrt seine Sachen von Glück geflutet ins neue Heim. Ich durfte das mehrmals erleben.

Eine gute Freundin erinnerte mich kürzlich mit ihrer Geschichte an meine eigene, eher missglückte Verpflanzung in eine urbane Umgebung. Ich wollte unbedingt in der Nähe meiner Liebsten sein, um mit ihr in Symbiose durchs Leben zu wandeln. Ich sah uns im Geist als Greise auf dem Feierabendbänkli vor der Feuerschale sitzen und der Sonne beim Zubettgehen zunicken – und ab und zu etwas aus dem Erinnerungsrucksack wühlen. Wer nichts wagt, gewinnt nichts, und schliesslich muss man den Chancen, die einem zulächeln, ein Logis anbieten.

Ich wusste, dass ich Heimweh haben würde, als ich in die Stadt zog, und es erwischte mich voll: Menschen, Autos, Häuser, wenig Natur und kaum Tiere … Anstelle des Blicks in die Ferne schlug das Auge an der nächsten Fassade an. Der fremde Umgangston, ein Humorempfinden, das mich die Flucht ergreifen liess, und grosse Distanzen zu meinen Freunden verwandelten den Neustart in ein Drama. Dazu ein Zusammenleben mit einem anders tickenden Menschen. Freizeitgestaltung, Einrichtung, unterschiedliche Arbeitsrhythmen und Ordnungssinn – das alles waren Themen, die zusätzlich meine Kraft raubten. Es wunderte mich also nicht, dass mein Rücken bald schmerzte, die Nächte zu traumtechnischen Horrortrips mit schweissgetränktem Bettzeug ausarteten und ich bald ein Schatten meiner selbst war. Lebenskraft und -wille schienen sich von mir zu verabschieden und der Schmerz war Dauerbegleiter.

Ich versuchte es mit Chiropraktik und Akupunktur, da ich damit gute Erfahrungen gemacht hatte. Dazu fleissig Kraft- und Dehnübungen. Ich richtete meinen Arbeitsplatz nach Empfehlungen der SUVA ein und besorgte mir andere Sitzgeräte, darunter einen blauen Sitzball. Der hatte mir früher bei Rückenweh Entspannung verschafft. Ich achtete auf eine gute Versorgung mit Vitaminen und Mineralstoffen und wurde trotzdem so krank, dass ich glaubte, mir beim Ableben zuzusehen. Alles an mir war verhärtet, die Verdauung funktionierte schlecht, die Nerven lagen blank und meine Zahnärztin erklärte, dass ich neuerdings meine Zähne abtrage. Scheinbar biss ich im Schlaf zu. Eine zerstörerische Erfahrung jagte die nächste, ich war verzweifelt.

Als ich in dieser Verfassung einen guten Freund aufsuchte, meinte der nur trocken: »Du kannst lachen, wenn du willst, aber tu einfach, was ich dir sage: Bestell umgehend jemanden ins Haus, der es auf Wasseradern untersucht!« Wenn man als sensibler Mensch seine Nächte auf so einer verbringe, könne man todkrank werden, ohne zu ahnen, weshalb. Ich war nicht in der Position, zu lachen und am gleichen Abend besuchte uns der Pendler. Zwischen seinen Fingern baumelte eine alte Sackuhr. Damit ging er gemächlich herum. Sie hing ruhig, bis zu dem Zeitpunkt, als er sie über der oberen Betthälfte festhielt. Da begann sie sichtbar zu schwingen. Und bei jedem, der es selbst probieren wollte, zeigte sich dasselbe Bild.

Wir schoben das Bett sogleich zur anderen Zimmerseite. Bereits in der ersten Nacht träumte ich harmlose Kuriositäten, ohne zu schwitzen und mein Bett fühlte sich viel kuscheliger an – ich konnte wieder richtig in den Schlaf eintauchen und der Rücken wurde von Tag zu Tag beweglicher. Ich hatte Lust, die Welt zu verändern, kaufte Töpfe und Pflanzen, bastelte Fotorahmen, ordnete meine Bücher nach Farben und hatte weit mehr Ideen als Zeit. Selbst die für mich nicht artgerechte Umgebung fand ich plötzlich viel weniger bedrohlich und ich war in allen Dingen milder gestimmt. Ich badete im Gefühl, dass es für alles eine Lösung gebe und war entschlossen, das neue Heim in eine Wohlfühloase zu verwandeln. Was kostet die Welt – volle Kraft voraus!

Meine Güte, dachte ich, wie viel Leiden würde vermieden, wenn die Menschen besser über die Regeln der Natur Bescheid wüssten? In diesem dicht besiedelten Land sind viele gezwungen, mitten im Chaos zu hausen; unten ein Wirrwarr von Leitungen und haustechnischen Erschliessungen und oben Elektrosmog, Lärm und Lichtfolter. Gross auf die Natur zu achten, kommt für die meisten Immobiliengurus leider nicht infrage. Dabei bestimmt sie urplötzlich unser Schicksal – sie ist und bleibt Chef und Dienstälteste.

Wenn ich heute nicht im Tourbus unterwegs bin, lebe ich vor allem in Solothurn oder Kreta, umgeben von Wildkatzen, Vögeln, Gitarren, Blumen, Bäumen und Kindern. Da passe ich hin. Und wenn ich einmal nicht zur Ruhe komme, hat es am ehesten mit mir selbst, dem Weltgeschehen oder meinen Liebsten zu tun. Zu kümmern und sorgen gibt es auch so genug.

DIE KRIPPEWELLE

Ich bin in einer Zeit aufgewachsen, wo fast alles dem Wirtschaftswachstum und der Arbeit unterworfen wurde. Der zweite Weltkrieg war gerade einmal sechs Jahre vorbei und die Geschäftigkeit meiner Eltern prägend. Sie waren meist weg und selbst daheim oft gestresst und in Gedanken woanders – verständlich aus heutiger Sicht. Anno dazumal bekundete ich aber Mühe damit. Im Kleinkindalter betreute mich meist eine Art Nanny. Sie war nicht zu beneiden, da sie Frust, Wut und Trauer über die Absenz meiner Eltern ungeniert zu spüren bekam. Wenn ich Elsi heute treffe, sprechen wir darüber: »Sali Elsi, wie war's damals?« – »Ach Chris, hör auf, du hast mich ständig mit Steinen beworfen!« Heute können wir darüber lachen – damals war's bitterer und bedrohlicher Trübsinn. Mit dem stimmt etwas nicht, meinten die anderen. Ich spürte jedoch, dass etwas mit meiner Umwelt nicht stimmte. Doch darüber sprach niemand. Vom Kinderhort, wo ich dann und wann zwischenparkiert wurde, will ich schon gar nicht sprechen.

Viele werden meinen, heute sei alles besser geworden, zum Teil stimmt das auch, aber Fremdbetreuung bleibt auch heute, was es ist: oft eine Betreuung durch Fremde, fernab der Liebsten. Wer als Krippengänger den Oberengel, die absolute Krippenherzkraft erwischt, kann glücklich sein und hoffen, sie möge als Vize-Mutter mehr als eine Praktikumslänge die Segel halten. Die elterliche Nähe und Schmusepausen kann sie trotzdem nicht bieten. Trotzdem glaube ich, dass die Krippen notwendig sind und ihre Berechtigung haben, gerade für jene Familien, in denen eben alle arbeiten wollen oder müssen. Obwohl, ich wohne in unmittelbarer Nähe einer Krippe und erlebe auch unschöne Mutter-Kind-Szenen. Kürzlich schleifte eine überforderte Mutter ihr Kind buchstäblich an den Haaren zur Krippe, dazu wurde noch auf das kleine weinende Bündel eingeschlagen. Es tat mir selbst körperlich weh. Wie weit können Menschen bloss getrieben werden? In ihren Augen sah ich nur Leere und Gefühlskälte, als ich dazwischenging.

Meine Freundin arbeitet in einer Krippe und erzählt Geschichten, die mir die Nackenhaare aufstellen. Mütter, die tapfer unser viel gepriesenes Wachstum unterstützen, freiwillig oder nicht, sind oft derart am Anschlag, dass sie ihren Nachwuchs lieblos und verstimmt wie ein Stück Materie abgeben. Wen wundert's, dass gewisse Kinder den Tag durchweinen oder herumwüten? Andere Eltern plagt das Gewissen, wenn sie ihr Kind alle paar Stunden von da nach dort zügeln. Abends stellen sie dann fest, wie die Jungmannschaft unter Strom steht und völlig hinüber ist. Klar gibt es Kinder, die in Krippen ein besseres, sozialeres Leben führen als daheim, wo die elektronische Grossmutter hütet. Wie immer macht auch hier die Dosis das Gift – und die Art und Weise, wie etwas (vor)gelebt wird. Viele Betreuungsplätze werden mit Einsatz und Herzblut geführt. Wer jedoch zu viel abschiebt und die Kids der Obhut anderer überlässt, deren Nähe das Kind vielleicht gar nicht will, muss mit Ablehnung und Rebellion rechnen.

Sie Anwältin, er Architekt, fünf Tage die Woche geben sie ihre Kinder weg. Weil sie eben alles aufs Mal wollen im Leben. Oder im Gegensatz dazu die von ihrem Mackergatten verlassene Balkanfrau, die arbeiten gehen *muss*. Und dann die Dozentenheinis, die ihren Lebtag nichts anderes als Schulstuben und Hochschulsäle gesehen haben. Was verstehen sie vom wahren Leben und was da so läuft in den Kinderseelen? Von ihnen lasse ich mir schon gar nichts vormachen. Wir haben die teuersten Kitas (30 000 Franken – pro Kind in Zürich!) der Welt, mit den sinnlosesten Vorschriften. Darunter leiden Kinder und Eltern. Was passiert, wenn Staatsbeamte und Sprungbrettpolitiker sich zu viel einmischen, sehen wir schon im Schulwesen. Der Amtsschimmel vertreibt jeden gesunden Menschenverstand. Aufhören!

Langsam tröpfeln auch Studien herein, die nicht nur von volkswirtschaftlicher Wertschöpfung und Ausbildungs-Amortisation schwärmen. Sie beklagen zu viele einseitige Argumente von Wirtschaft und linken Kreisen, die Krippen verherrlichen, ohne auf negative Aspekte, wie zum Beispiel vermehrte Aggressivität hinzuweisen. Wichtige Bedürfnisse der Kinder bleiben auf der Strecke. Was das für das spätere Leben und die Gesellschaft bedeutet, werden wir erst in Zukunft genauer wissen. Auf jeden Fall ist auch hier die Kehrseite der Medaille zu sehen, anstatt sie einfach auszublenden. Die Abschiebungskultur wird ihren Preis haben, da bin ich mir sicher.

Auch ich musste lernen: Auf meinem Lebensweg kann und muss ich nicht alles gleichzeitig haben. Es wäre das Gegenteil von Emanzipation. Eins ums andere machen und das dafür gut, das war schon immer mein Credo. Ich hielt mich erst mit fünfzig Jahren für fähig, ein wirklicher Vater zu werden. Einer, der anwesend ist, wenn man ihn braucht. Ich opferte sozusagen die Möglichkeit, mehrere Kinder zu haben, meinem Beruf. Das ist nicht nur ein gutes Gefühl, aber auch ich kann nicht alles haben.

Meinem einzigen Kind will ich Rücksicht, Freude, Fürsorge, Liebe und Gemeinschaftssinn vorleben. Dies nur der Mutter, der Krippe oder dem Staat zu überlassen wäre ein Paradoxon und kommt für mich einfach nicht infrage. Meine Tochter dankt es mir. Die Realität im Alltag ist natürlich nicht nur mit chronischem Sonnenschein geflutet. Es gibt schlaflose Nächte, nervige Momente und grenzwertige Tage. Mein Nervenkostüm wird getestet und meine Bodenhaftung auch, aber mein Kind ist es wert und meinem Ego schadet es nicht. Ein grosses, nie endendes Lehrfeld.

Die aufwühlenden Worte meiner eigenen Mutter auf ihrem Sterbebett sind unvergessen und verfolgen mich noch heute: »Mein Sohn, verzeih, dass ich so wenig Zeit für dich hatte.«

DIE UNERWÜNSCHTEN

»Bleiben Sie weiterhin so unerschrocken und geradeheraus.« Das ist der Grundtenor fast aller Briefe und E-Mails, die ich bekomme. Ich glaube, diese Botschaft erwächst wohl dem Umstand, dass viele meiner Mitbürger nicht so offen ihre Sorgen und ungeschminkten Meinungen kundtun können, weil das entweder nicht ihrem Stil entspricht oder sie sonst Schwierigkeiten mit ihren Vorgesetzten und ihrem Umfeld hätten. Dazu kommt eine gewisse schweizerische aber-Vorsicht-it's-not-cool-man-Mentalität. Wir mögen keine Konfrontationen und eine gewisse Konfliktscheu ist uns eigen. Böse gesagt: Wir sind hamoniesüchtig.

Schon als Kind war ich von einem guten Stück Gerechtigkeitssinn getrieben. Man nannte mich einen Revoluzzer, mit dem lebte ich. Es gab und gibt bis heute viel Ungerechtes, Korruptes und Absurdes, das vor unseren Augen oder unter der Tischplatte abläuft. Hie und da spreche ich Derartiges fadengerade an, auch wenn's wehtut und ich Gefahr laufe, vorschnell in die falsche Schublade gesteckt zu werden. Das ist für mich keine besondere Heldentat, denn das bin ich mir selbst schuldig, und zu verlieren gibt's nicht viel. Bei vielen sogenannten Whistleblowern ist das völlig anders. Sie sind oft allein gegen mehr als eine Chefetage mitsamt ihren karrierebewussten Jüngern und deswegen unerwünscht. Dass sie aber dringend gebraucht werden, haben die letzten Jahre mehr als deutlich gezeigt.

Da hatten wir den Fall der beiden Sozialamt-Kontrollerinnen aus Zürich, die uns aufzeigten, was für Missstände an ihrem Arbeitsplatz herrschen. Man kultivierte über Jahre hinweg ein System, das im Namen des Sozialen asoziales Verhalten geradezu förderte. Die Behörden mochten es jedoch nicht sehen und ich denke, dass dem an etlichen Stellen heute noch so ist. Was nicht sein darf, existiert nicht, Punkt! Die beiden Enthüllerinnen wurden fertiggemacht, rausgeschmissen und am Schluss angeklagt, als wär dies das Normalste der Welt.

Dann der Fall Nef. Ein Oberst, der seine Ex-Frau stalkte. Auch bei ihm wurden zuerst alle Informationen von oben nach unten unter Verschluss gehalten. Noch schlimmer war die Sache mit Ex-Bundesanwalt Beyeler, der völlig losgelöst von jeglicher humanen Verantwortung und klaren Beweisen eine Menschenjagd pflegte und damit ganze Familien jahrelang ins Elend stürzte. Auch das wollte erst niemand wahrhaben. Es wurde verzettelt und gelogen, bis die harten Fakten auf den Tisch kamen. Schliesslich folgte die Affäre Hildebrand, bei der ein von der realen Welt völlig abgekoppelter, Ex-Hedgefondsmanager im höchsten Bankamt des Landes den Kompass des Fairplay verloren hatte und als Währungshüter selbst zu seinem Vorteil mit Währungen spekulierte. Als Krönung schob er den schwarzen Peter schliesslich den anderen in die Schuhe. Er kam natürlich ungeschoren davon – Anklage wurde auch hier gegen die Aufdecker erhoben.

Natürlich sind Medienwalzen unerfreulich. Vorzuwerfen haben sich das aber vor allem jene, die diesen Protagonisten allzu vorschnell einen durchsichtigen Persilschein ausstellten und alles vertuschen wollten. Die moralischen

Massstäbe verschoben sich ins Absurde. Täter wurden wie Opfer gehätschelt und die Whistleblower, bar jeglicher Verhältnismässigkeit, als die Bösen hingestellt. Obwohl kein Geld für ihre Enthüllungen geflossen war. Die wahren Verursacher des Unfassbaren, die Schuldigen, erfreuen sich ihrer fetten Abfindung, während jene, die die Drecksarbeit machten, vor Gericht gezogen werden. Der blanke Hohn! But there is no justice und die Welt will betrogen sein.

Was ist aber unsere vielgelobte Demokratie ohne wirkliche Transparenz auf allen Ebenen wert? Eine Heuchelei und ein schlechter Witz! Sei es im Kostenwesen, Spenden, bei Politikern oder bei Verträgen. Gerade bei den gemästeten Grossinstitutionen ist dies ein Muss! Blauäugiges Vertrauen, das zeigen die erwähnten Fälle, ist der falsche Weg. Ich verlange, dass die Bücher jener, die von unseren Steuergeldern fett bezahlt werden, jederzeit offen und einsehbar sind und die dafür zuständigen Kontrollinstanzen ihre Arbeit endlich richtig machen. In einem Betreuungsstaat, wo der kleine Mann wegen jeder Bagatelle sofort gebüsst oder reglementiert wird, ist eine externe, unbestechliche Kontrolle der Grossen und Mächtigen unabdingbar. Vielen Verwaltungsräten und Revisionsfirmen ist nicht zu trauen, da sie oft selbst auf der Gehaltsliste dieser Anstalten stehen. Bestimmt beissen sie nicht die Hand, die sie füttert.

Weder Gesetze noch Richter, Verwaltungen, Behörden, Wirtschaft oder Politik stellen sich hinter die Whistleblower. Der Filz siegt über die Moral. Es wirken effektiv nur die Öffentlichkeit und der Druck der Bevölkerung. Positive Veränderungen in all diesen Fällen kamen nur dadurch zustande – sonst wäre auch heute noch alles beim Alten. Aber die Mehrheit der Parlamentarier will die Whistleblower nicht wirklich schützen. Vielleicht fürchten sie sich selbst vor ihnen. Auf jeden Fall gibt's bis heute keine vernünftigen Gesetze, die ihnen beistehen, das Unrecht ans Tageslicht zu bringen. Lieber labert man etwas von Datenschutz oder Überwachungsmüll, oder man müsse es erst im Betrieb selbst lösen. Als würde das wirklich etwas bringen. Die meisten Missbraucher ändern nur unter grossem medialen Druck etwas, das ist jedem klar. Die Unverschämtheit und Blasiertheit an den Schalthebeln der Macht scheinen grenzenlos und immer wieder hören wir neue Storys, die dies nur bestätigen.

Diese Pfeifenblaser und Skandalaufdecker haben meinen vollen Respekt und wir brauchen sie. Zu pfeifen und singen hätten ganz bestimmt zahllose kleine Angestellte tausend Lieder, aber wie wir sehen, ist es dann mit dem beschaulichen Leben vorbei und den Verräterstempel wäscht man so schnell nicht mehr ab. Will man sich und den Seinen das antun? Mut ist edel, aber Verantwortung seiner Familie gegenüber auch – ein wirklich echt brutales Dilemma.

DIE ROLLENDEN STEINE

Es war mein Konzert des Jahres. Ich konnte es kaum fassen, die Rolling Stones noch einmal in dieser Form zu sehen auf ihrer *14 On Fire* Tour. Da war auch nach 52 (!) Jahren noch jede Menge Spielfreude, die Leichtigkeit und das Wissen, wie man seine Musik am besten rüberbringt. Eine voll gereifte Rock-'n'-Roll-Band. Und dann diese Songs!

Sie verfolgen mich seit meiner frühsten Jugend und ich verdanke ihnen einiges an Lebensschub und Träumerei. Unvergessen das melancholische *Ruby Thuesday* und das dunkle *Paint It Black*. Ich lag auf meinem Bett. Unter mir eine violette, freakige Wolldecke und in mir die Ungewissheit, wie's mit meinem Leben weitergehen sollte. Es gab keinerlei Masterplan oder Lichtblick, aber natürlich jede Menge Sehnsucht nach einem wilden, freien Leben mit wilden, freien Mädchen. Der perfekte Soundtrack dazu waren *Lets Spend The Night Together* und *She's A Rainbow*. Heute weiss ich: Ohne diese Musik wäre ich untergegangen oder möglicherweise Terrorist geworden.

Momentan liegen drei Rolling Stones-Bücher auf meiner Lesebank. Die grossartige Keith Richards Biographie *Life*, das *Beatles vs Stones*-Buch und die Bio *Mick Jagger: Rebell und Rockstar*. Am eindrucksvollsten ist klar das Keith-Buch, da es liebevoll, ausführlich kompetent und packend wie eines seiner Riffs daherkommt. Ich kann dieses Buch allen Musikliebhabern nur empfehlen, da man auch einiges über die Gitarre als Instrument, Spezialstimmungen, die schwächenden Drogen sowie die Innereien einer Rockband erfährt, und zwar auf äusserst witzige, unterhaltsame Art und Weise. Es ist eine extrem spannende Reise durch sechs Jahrzehnte. Kurz: Eine der besten Musikerbiographien.

Aber auch das Buch *Beatles vs Stones – die Rock-Rivalen* hat es in sich. Es zeigt, wie verbunden und wie viel Gemeinsames diese zwei scheinbar so verschieden Jahrhundertbands haben. Anhand von Songs, Auftritten und vielen persönlichen Begegnungen werden die spannendsten Jahre beleuchtet. Ein Paradebeispiel auch dafür, wie die Bands und die PR-Maschinerie in den Sechzigern lief. Für jeden, der damals schon Rockmusik hörte ein Muss – aber auch für Jüngere, die vielleicht selbst musizieren, eine echte Bereicherung.

Leider fällt danach die Mick Jagger Autobiographie, die eigentlich gar keine selbst verfasste ist, ab. Mick sagt, ihm sei die Zeit zu kostbar, um seine eigene Biographie zu schreiben und er wolle nicht zurück, sondern nach vorn blicken. Irgendwie verstehe ich ihn, denn ich weiss aus eigener Erfahrung, dass, wenn du's gut machen willst, mindestens 2000 bis 3000 Stunden draufgehen. Trotzdem ist für mich als Stones-Fan der ersten Stunde die etwas nüchtern geratene Lektüre von *Rebell und Rockstar* spannend, obwohl sie recht wenig über Mick als Mensch preisgibt. Klar ist: Der Mann hat eine dicke Abwehrmauer um sich gebaut. Er ist zwar auf der Bühne extrovertiert, sonst aber eher verschlossen – obwohl er sicher wortgewaltig und clever genug wäre, uns seine unglaubliche Geschichte zu erzählen.

Unter dem Strich lässt sich sagen, dass Mick, analog zu Tina Turner, deren Bewegungen er für seine eigene Show übernommen hat, das absolute Bühnentier ist, aber sich privat eher konservativ gibt. Also das totale Gegenteil von seinem Bandkumpel Keith Richards, der den Rock 'n' Roll auch abseits der Bühne immer wieder verkörpert und lebt. Aber auch der obercoole Keith hat zwei Gesichter, wenn man genau hinschaut, und er wäre nicht der bekannte, verwilderte Rock 'n' Roll-Pirat ohne den Krämer, Perfektionisten, genialen Frontmann und brillanten Geschäftsmann Mick!

Was mich aber immer schon viel mehr interessierte als das Geschäft, war die Musik. Und da wird Mick Jagger grob unterschätzt, als Textschreiber sowie als Bluessänger und Mundharmonikaspieler. Der Mann hat einen eigenen berauschenden Gesangsstil, der aus der Not, keine Allerweltsstimme zu haben, geboren wurde. Mick musste sich etwas einfallen lassen. Heute hören wir zwei Worte und wissen, es ist Mick Jagger – eine Klangmischung aus Dringlichkeit, Rotzigkeit und grosser Leidenschaft. Das gelang auf diese Art nur ganz wenigen. Mehr Feeling, Charisma und Authentizität geht fast nicht.

Man kann diese Band mögen oder nicht, wer aber Texte wie *Sympathy For The Devil*, *Jumping Jack Flash*, *Brown Sugar Under My Thumb* oder *Satisfaction* genau hört, der muss einfach den Hut ziehen. Das ist Rock-'n'-Roll-Riffing und Strassenpoesie in höchster Vollendung. Der Kampf der Dämonen gegen die heile Welt. Mit philosophischem Allerweltswortwitz reflektiert Mick gnadenlos unseren oft banalen Alltag. Da verschmelzt Verzweiflung mit Erotik, ringt Streetweisheit mit Gockelhaftigkeit. So entstand ein Lebenssoundtrack ganzer Generationen. Es ist mehr als Musik. Es ist der Ringkampf des Lebens, der Kater der Vergänglichkeit und das Gefühl ewiger Jugend.

Dieser getriebene Marathonmann bringt uns alle zum Staunen, erst recht, wenn man selbst schon Grossbühnen berockt hat. Was der Mann da live abliefert, ist schlicht unfassbar. Die Rolling Stones waren auch die erste britische Rockband, deren Sänger richtig Dampf machte und sein Mikrofon wie einen Phallus in die enge Hose schob und dazu wie ein Berserker tanzte. Ohne ihn kein Jim Morrison, kein Axl Rose, kein Steven Tyler und keine Lady Gaga. Und sagen wir es ungefiltert: Unser Leben wäre ohne Mick schlicht langweiliger gewesen. Durch seine androgyne Ausstrahlung wird er von Frauen und Männern gleichermassen umschwärmt und vergöttert. Er war das männliche Sexsymbol des 20. Jahrhunderts.

Heute sind Mick und Keith älter, doch was zählt: Die Falten in ihren Gesichtern erzählen uns von einem wilden, aussergewöhnlichen, einmaligen Leben und sie sind hart verdient. Shine on boys, we love you! Lasst uns sehnsüchtig weiterschwelgen, oder wie's im Song *Streets Of Love* so schön heisst: »While lovers laugh and music plays, I stumble by and I hide my pain. The lamps are lit the moon is gone-I think I've crossed the Rubicon ...«

EIN HOCH AUF DAS,
WAS UNS VEREINT

Wer friert uns diesen Moment ein? Besser kann es nicht sein!
Schon wieder ist die Fussball-WM vorbei und das Leben geht weiter. Trotzdem ist mir die wichtigste Nebensache der Welt, dieses Feuerwerk an Spielen, Menschen und Eindrücken, einen Epilog wert. Wie ein Rausch war das und die Welt schien für einen Moment etwas verbundener, freudiger und versöhnlicher.

Was macht dieses Spiel so mächtig? Der Negativdenker sagt vielleicht: Das ist doch analog zum alten Rom: Gebt ihnen Brot und Spiele und sie sind ruhiggestellt in einer völlig dekadenten Gesellschaft, die keine wichtigeren Ziele und Zwecke mehr hat ... Aber es muss mehr sein, grösser, wenn das Spiel mit gleicher Wichtigkeit neben das Brot treten kann. Der Papst sagte einmal Folgendes dazu: Der Schrei nach Brot und Spiel sei eigentlich der Ausdruck für das Verlangen nach dem paradiesischen Leben, eine versuchte Heimkehr ins Paradies. Fussball verbindet die Menschen über alle Grenzen hinweg in denselben Seelenlagen, Hoffnungen, Ängsten, Leidenschaften, Freuden und Leiden.

Aber es ist noch mehr. Dieses Spiel fördert Durchhaltewillen, Kameradschaft und Disziplin. Die Überlegenheit und die Freiheit muss man sich erst erarbeiten. Dazu kommt das Einfügen in die Gemeinschaft. Das Einordnen des Eigenen ins Ganze. Auch diese WM hat gezeigt: Ein einzelner, einsamer Stargeiger wie Ronaldo kann kein

Turnier gewinnen – es ist das Zusammen, die Gemeinschaft, die entscheidend ist – wenn jeder für jeden da ist und alles gibt. Und gerade das hat uns diese deutsche Mannschaft so wunderbar gespiegelt. Keine Überheblichkeit im Sieg, grosser Zusammenhalt und echte Wertschätzung derer, die sich hinten anstellen mussten und nicht zum Zuge kamen. Wie kann man das schöner zeigen, als bei der Goldpokalübergabe ein T-Shirt mit dem Namen eines daheimgebliebenen Spielers hochzuhalten? Und im Siegesrausch nicht zu vergessen, wie sich jener fühlen muss, der mitgeholfen hat, die Qualifikation zu schaffen, aber wegen einer Verletzung nicht zur Endrunde mitfahren konnte – das hat mich beeindruckt.

Ebenfalls unglaublich, mit welcher Leichtigkeit die Ausnahmefigur Neymar die Last einer ganzen, taumelnden, leidenden Nation auf seinen Schultern trug und hoch gefährliche Gegner mit der Leichtigkeit einer Feder umkurfte, als wäre er gerade beim Slalom in Wengen. Oder der geniale Mario Götze, der in nie gesehener Schönheit einen Pass, der eigentlich zu hoch und unverwertbar war, mit der Brust annahm und dann direkt volley zum WM Sieg verwertet. So leicht und vollendet wie die ersten Töne der Fünften von Beethoven. Trainer Jogi Löw nennt ihn sein Wunderkind und diese haben es bekanntlich nicht leicht im Leben, weil sie eine andere Sprache sprechen, anders ticken und oft isoliert sind. Auch Neymar hatte es nicht leicht. Er wurde mitten im grössten Fussballfest so brutal in den Rücken gefoult, dass er heute im Rollstuhl sein könnte. Den grossen Hohn gab's obendrauf. Das unglaubliche Foul wurde nicht einmal geahndet und der Argentinier Messi, der völlig unter seiner

Form spielte, wurde zuletzt noch zum Spieler des Turniers mit dem goldenen Fussball gekrönt. Aber auch das ist Fussball.

Wie immer nach so einer Grossparty werden nicht nur die Spieler und Trainer, sondern auch die Veranstalter gezwungen, über die Resultate und ihr Wirken zu reflektieren. Die FIFA steht ständig am Pranger und muss aufpassen. Ich gehöre zwar nicht zu den Ewig-Bashern dieser Organisation und glaube auch nicht, dass ein Michel Platini sie besser führen würde. Geschiebe und Gemauschel gibt's in allen Grossbetrieben. Trotzdem sollten Sepp und Co. vielleicht ein paar Dinge überdenken. Wenn das Spiel immer mehr zu einer schröpfenden und schiebenden Industrie verkommt, wird es verdorben und es wird sich befreien müssen, so wie sich die Musikkonsumenten durch Piraterie von der starren, ausbeuterischen Musikindustrie befreit hat – zum Leide der Musiker und des ganzen Gewerbes. Und es kann auch nicht sein, dass Spieler auf dem Platz hinterhältig spitalreif geschlagen werden und dies danach keine Konsequenzen hat. Das ist nicht im Sinne dieses Spiels und setzt falsche Signale. Es gibt äusserst fähige und verdiente Schiedsrichter. Vollprofis mit einer natürlichen Autorität müssen solche Gipfeltreffen leiten, keine Fastprofis, die aus politischen Gründen mitgeschleppt werden.

Was bleibt? Der Mann, der seinen früheren Sinn des Lebens und Überlebens, nämlich die Jagd, verloren hat, darf heutzutage wenigstens dem Ball nachjagen und im Idealfall zum Torjäger werden. Der Mensch lebt aber nicht vom Brot allein und es ist auch eine Kunst, diese Disziplin in der Freiheit zu erlangen. Die Freiheit lebt auch von der Regel und vor allem vom gesunden Mit- und Gegeneinander, die Unabhängigkeit vom äusseren Erfolg und der Willkür – damit wir wirklich frei werden. Und wer mit Fussball gar nix anfangen kann – dem sei das herrliche Kurzfilmchen *Fussballspiel der Philosophen* von Monty Python empfohlen. Da gewinnen die Griechen durch Kopfball von Sokrates gegen Deutschland 1:0 und es wird sehr viel diskutiert ... wie im richtigen Leben. Ja: *Ein Hoch auf diese Zeit – und auf dieses Spiel!*

MENUE KÜDERSACK

Essen. Wie war das wieder fein, all die liebevoll zubereiteten Speisen, die Gerüche von Weihnachtsguetzli, Glühwein, Flammkuchen, Thai Curry, heisse Himbeeren auf Vanilleeis, mir läuft gleich das Wasser im Mund zusammen.

Ich esse gern, so wie vermutlich die meisten Menschen. Der Gedanke an einen hübsch zurechtgemachten Tisch mit dampfenden Speisen weckt ein Gefühl von Behaglichkeit, Geborgenheit, Zuhausesein. Allein der Gedanke daran kann einen versauten Tag retten. Oder auch ein Restaurantbesuch, ein Tête-à-Tête, etwas zum Feiern. Feine Düfte, gedämpftes Licht und ein herzhafter Geschmack auf der Zunge lösen Wohlbehagen aus, wir entspannen und vergessen für einen Moment die Dinge, die uns drücken. Wer denkt dabei schon daran, dass ein riesiger Teil unserer Nahrungsmittel – mehr als ein Drittel! – in der Entsorgungsmühle landet? Verständlicherweise die wenigsten. Irgendwann soll der Mensch ja auch abschalten dürfen, und wenn wir nicht einmal mehr das Essen einigermassen kopflos geniessen können, dann ist wohl die Überlastungsdepression nicht mehr fern. Trotzdem bin ich froh, dass es auch da engagierte Seelen gibt, die hinschauen und für ein kleines Stück Weltverbesserung kämpfen.

Rundschau. Im Fernsehen wird eine Frau portraitiert, die gewohnheitsmässig in diversen Müllsäcken »einkauft«. Sie trägt korbweise Esswaren heim, die in einwandfreiem Zustand sind. Denn gerade bei Gemüseverpackungen steckt oft nur ein einziges schadhaftes Stück darin, weswegen das komplette Pack entsorgt wird. Oder das Verfallsdatum, das im Grunde nur eine Garantiefrist des Herstellers darstellt, ist erreicht. So muss die Ware entsorgt werden. Die Frau im Film imponiert mir. Es ist keine armengenössige, sondern eine couragierte, gepflegte Dame, der es nicht zu peinlich ist, wertvolle Lebensmittel aus dem Abfall herauszulesen und sich und ihre Familie damit zu verpflegen.

Ich machte die Probe aufs Exempel und begab mich heute ebenfalls zu den Abfallcontainern beim Supermarkt. Aus Anstand postete ich erst eine Einkaufstüte, um mich anschliessend mit meiner Tochter hinter das Gebäude zu begeben. Sie wollte mir nicht glauben, dass es da tatsächlich etwas Unverdorbenes, Essbares zu finden gab, war aber, wie es Kindern generell eigen ist, auch für dieses Abenteuer zu begeistern. »Meinsch mir fingä öpis feins, Papa? Si mir iz Läbesmitteldetektiver?« Ja wirklich, so kam ich mir vor, oder noch eher wie ein Hobby-Homeless. Vorsichtshalber zog ich mir die Kapuze über das Haupt. Im Geiste las ich schon die Schlagzeile: Von Rohr wühlt im Dräck! – Geiz oder Schulden?

So öffneten wir den ersten Container. Er war voller Erdbeeren, die meisten absolut in gutem Zustand – man hätte wohl an die 20 kg Erdbeerkonfitüre daraus kochen können. Wir nahmen jedoch nur etwa ein Dutzend Beeren mit. Im Container daneben tat sich uns ein Gemüseparadies auf. Unglaublich: Lauch, grüne, gelbe und rote Peperoni, Broccoli, Kartoffeln, Zwiebeln, Chili, Fenchel und, und … Wir trauten unseren Augen nicht. Die Ware war frischer als jene in meinem Kühlschrank! Unglaublich. Wir füllten Sack und Manteltaschen und nahmen aus einem weiteren Container ein paar Mangos und Kakis mit. Auf dem Heimweg kam mir alles surreal vor, aber wir fühlten uns keineswegs wie Diebe – eher wie die Retter eines verlorenen Schatzes. Ich wusste, dass diese wunderbaren Esswaren im besten Fall noch zur Schweinemast oder als Dünger verwendet worden wären. Peperoni – bereits als Kind war ich süchtig danach. Nur waren sie damals extrem teuer und ich hörte die Vorwürfe vom Vater, als die liebe Mutter mir einmal einen ganzen Teller mit Peperonisalat auf den Tisch zauberte. »Chasch nüt Normals ässe Buäb??« Wir hatten damals keine Ahnung, wie viele wertvolle Vitamine diese Paprikas, wie sie auch genannt werden, hatten. Es war schlicht ein exotisches Gemüse aus Mexico, das via Amerika zu uns geflogen und gekarrt wurde, fein und rar.

Damals wurde noch ein beträchtlicher Teil des Monatseinkommens für Lebensmittel verwendet. Es war der grösste Budgetposten und somit wurde dem Essen auch im ethischen Sinne mehr Wert beigemessen. Heute werden gerade noch 8 % des Verdienstes zur Verpflegung eingesetzt! Das könnte sich jedoch auch wieder ändern, da gewisse Rohstoffe weltweit knapp werden. Allein zur Herstellung eines Kilogramms Fleisch braucht es Tausende von Liter Wasser. Eine Klotzerei – mal abgesehen davon, dass der Genuss von Fleisch auch immer den Tod eines Lebewesens bedeutet. Ich hab mir angewöhnt, nur noch zweimal die Woche Fleisch zu essen, geschadet hat's mir nicht, im Gegenteil.

So schwelgen, geniessen und benehmen wir Menschen uns fein manierlich und sind gleichzeitig Barbaren, oft ohne es zu bedenken und zu wollen. Nach diesen Gedanken werde ich mein Menu Küdersack doppelt geniessen, da bin ich mir sicher. Und ab, an die Töpfe … !

AKZEPTANZ DES BÖSEN

Geschichten sind mir lieb. Manchmal tragen mir die Menschen aber welche zu, in denen sie das Gewissen plagt und mich meines anschliessend auch. Es ist immer das Gleiche: Amtlich verordnete Schweigepflicht oder Meldepflicht heisst das Dilemma. Je delikater der Fall, umso härter gewichten beide Seiten. In unserer heilen, beschützten Schweiz beginnt man zuweilen zu vergessen, dass es da draussen auch eine andere, eine böse Welt gibt, wo Menschen andere Menschen brechen, quälen und ins Elend treiben. Oft leider im Namen irgendwelcher Ideologien oder krankhafter, religiöser Interpretationen. Die Akzeptanz des Bösen scheint allgegenwärtig zu sein. Wenn Fassadenreiniger und Berufsverschleierer pausieren, kommt das Grauen zum Vorschein.

Es gibt da unter uns einen praktizierenden reformierten Pfarrer. Er hält sich als Hofstaat – oder müsste ich sagen, als Leib- und Seeleneigene – eine Frau und fünf Kinder. Um den Jüngsten, nennen wir ihn Florian, spielt sich zurzeit ein himmeltrauriges Drama ab. Dem feinen Jungen wurde der Kindergarten verweigert, weil sein predigender Vater besessen war von der Idee, sein Sohn sei überbegabt und langweile sich da. Die Kindergärtnerin, die künftige Lehrerin und die Logopädin rieten dringend davon ab, den Buben gegen Schuljahresende noch kurz in die erste Klasse zu stecken und damit in einer Schnellbleiche einzuschulen. In Gesprächen teilten sie dies dem überheblichen

Mann persönlich und deutlich mit. Doch dieser schaltete auf stur und schaffte es, diese Aktion bei den Behörden durchzuboxen. Die nickte ab, ohne die Fachkräfte vor Ort, die den Jungen aus täglichen Begegnungen kannten, anzuhören und ernst zu nehmen. Eine gefühllose Arroganz, die hierzulande immer wieder aufblüht, wenn Bürokraten und Beamte fernab jeglicher Realität über Menschenschicksale entscheiden und niemand sie daran hindert.

»Florian kann doch gar nicht lesen oder schreiben«, meinten die, die mit ihm zu tun hatten. »Das lernen wir in den Frühlingsferien«, so die Antwort des rabiaten Vaters. So wurde das Ganze auf Biegen und Brechen lanciert.

Man braucht kein Raketenforscher zu sein, um zu wissen, dass so etwas nicht gut kommt. Mitschüler berichteten von einem Kind, das unbeteiligt in die Luft starrte, zusammenhangloses Zeugs schwafelte und keine Freunde fand. Da der Bube ein eher schmaler Wurf war, stand er auch im Turnen oder Schwimmen nur noch auf dem Abstellgleis und wurde von allen gehänselt.

So kam es, dass Florian drei Jahre später krank und apathisch wurde. Was zu Hause noch an Repressalien und Übergriffen dazukam, können wir nur erahnen. Plötzlich verweigerte der Junge die Nahrung und musste schliesslich im Spital zwangsernährt werden. Anstatt ihn zu schützen oder ihn der Fürsorge zu übergeben, wurde er von seinem Vater wieder aus dem Spital herausgeholt. Der herzlose Pfaffe, der ihn zu Hause nach dem Alten Testament der Züchtigung erzog, schickte ihn sogleich wieder in die Schule, wo er kaum ansprechbar war. Florian musste wieder ins Spital eingeliefert werden. Er wollte nicht mehr leben, verweigerte wieder das Essen. Und da lag er bis vor Kurzem mit einer Sonde im Bauch. Man muss sich das einmal vorstellen: Ein neunjähriger Junge will sich das Leben nehmen!!??

Die bittere Ironie am Ganzen: Der Verantwortliche, sein Vater, nennt sich Seelsorger, er macht Taufen, Segnungen, Trauungen, Abdankungen, Gottesdienste und schimpft sich Sozialarbeiter, Kirchenpfleger, gibt Kurse und predigt eine neue Form der Kirche und den Aufbau einer lebendigen Gemeinde! Die Geschichte des verlorenen Sohnes in der Bibel ist ihm wohl nicht bekannt oder er hat sie falsch verstanden, wie vieles andere auch.

Wer sich hier fragt, welche Rolle in dieser elenden Angelegenheit eigentlich die Mutter spielt, dem sei gesagt: Keine! Sie wurde längst von ihrem Mann weichgeklopft, entwürdigt und ferngesteuert. Sie spricht abgefahrene, wachsweiche Sätze, die keinen Sinn ergeben und kann als manipulierte Gebärerin keine Verantwortung übernehmen – auch nicht für sich selber.

Als ich diese erbärmliche Geschichte zum ersten Mal hörte, kam in mir erst eine glühende Wut hoch. Ich konnte nicht fassen, dass dies alles einfach so geschieht unter uns und niemand sich mit einem klaren »Nein, so geht das nicht«, wehrt. Umsonst fand diese Geschichte nicht zu mir. Doch ich frage Sie, meine lieben Leser, was würden Sie tun? Die meisten Menschen schauen leider weg, weil sie Angst haben, in so etwas mit hineingezogen zu werden, ihr Gesicht oder gar ihren Job zu verlieren. Ich verstehe es bis zu einem gewissen Grad. Aber das darf nicht sein, also seien wir mutig und mischen uns ein.

Ich hoffe, dass die von unseren Steuergeldern finanzierte Schutzhilfe für Kinder, dieses seit Jahren leidende Kind endlich von seinen irren, fehlgeleiteten Eltern fernhält und in eine sichere, harmonische Umgebung führt. An einen Ort, wo Lippenbekenntnisse wie Frieden, Nächstenliebe und Respekt zu jedem göttlichen Geschöpf nicht gepredigt, sondern gelebt werden. Amen.

PS: Unlängst wurde bekannt, dass der umtriebige Pfaffe sein altes Wirkungsgebiet verlassen musste und jetzt in einem Dorf im Kanton Bern predigt. Seien Sie also wachsam.

HONIG- UND GIFTPFEILE

Am Anfang war das Wort und nicht das Geschwätz. Klar, Wörter sind die Quelle der Missverständnisse. Was wir jedoch diese Woche im TV und danach auf fast allen Online-Kanälen sahen, war unterhaltsamer als *Tatort*, *Der Alte* oder *Schimanski*. Wir erlebten den unerschrockenen Satire-Agent 00-Thiel in Operation *Thunderkamm*, der Spion, der mich siebte. Der Hahnenkampf endete diesmal ungünstig für Talkikone Roger Schawinski.

Ich schaute die Fernsehdebatte auf meinem iPad und fiel fast vom Sofa. Die Verfassung des sonst so gewieften und schlauen Leiters des Gesprächs war beunruhigend. Im Rock 'n' Roll nennen wir das: zu viel Dampf auf der Gitarre, oversexed and underf…d. Da hat sich vieles aufgestaut. Hat es mich überrascht? Einerseits schon, andererseits doch nicht. Irgendwann musste genau dieser letzte Tropfen kommen, dieser Moment, wo all die Dominanz, die Seitenhiebe und Provokationen, die Schawinski gerne austeilt, gegen ihn selbst angewendet würden. Karma nennt man das in Indien. Du wirst mit deinen eigenen Waffen verhauen – das Imperium schlägt zurück.

Doch was trieb den Gesprächsleiter so zur Weissglut? Nebst der gepflegten Ultracoolness und der Verweigerung, auf jegliche Anwürfe und Einschüchterungen einzusteigen, ist es klar die kompromisslose politische Haltung von Andreas Thiel. Dieser Mann hat als einer der wenigen in der subventionierten Kultursauna eine etwas andere, nicht staatsnahe Weltanschauung und tut dies auch seelenruhig und angstfrei kund. Der Komiker ist intelligent, in sich ruhend, fit, praktizierender Yogi, multireligiös (mit muslimischen Freunden) und fadengerade. Er sieht den Koran (nicht die Muslime) als Anleitung zur Gewalt und Unterdrückung. Dazu findet er, dass unsere Gesellschaft und viele Medien mittlerweile derart linkslastig berichten, dass ein liberaler und staatskritischer Anarchist sofort als Rechtsextremist, Rassist, Abschotter und Blocher-Jünger hingestellt wird. Was Schawinski bestätigte. Mit anderen Worten: Wenn Voltaire sagte: »Mein Leben ist ein Streit, das Schwert, der Koran in der blutigen Hand, sollt einem jeden Schweigen auferlegen ... es gibt keinen Gott und Mohammed ist sein Prophet«, dann ist das philosophisches Witzeln und wenn Thiel sagt: »Der Koran ist eine Anleitung zur Gewalt«, soll das Rassismus und Beleidigung aller Muslime sein!? Da stimmt etwas nicht, Freunde! Es wird nicht mit denselben Ellen gemessen, und das ist schlicht falsch. Dazu kommen die vielverbreitete Feigheit und Doppelmoral vieler Journalisten.

Genau diese Punkte wären eigentlich Stoff für eine interessante, vertiefte Diskussion. Leider nahm sie Roger nicht an. Sie wird hierzulande meist zu wenig sachlich, dafür emotional, oberflächlich und überhitzt geführt. Ich habe es selbst erlebt. Obwohl sicher fast jeder zivilisierte Mensch, auch Andreas und Roger (die ich beide kenne), Frieden, Freiheit, Wohlstand, Gerechtigkeit und Unterstützung für die Schwachen will – wird ständig darüber gestritten, wie man so etwas verwirklicht und effizient umsetzt, damit nicht vor allem der Sozialindustrie, sondern den wirklich Bedürftigen geholfen wird. Diese Debatte ist gut, denn es braucht immer beide Seiten, und gerade dieses Thema ist so komplex, dass man es dringend von allen Seiten her beleuchten muss.

Als Talkmasterkönig ist Roger im eher sterilen SRF klar polarisierend, aber auch bereichernd. Nur wäre es an der Zeit zu checken, dass es wenig bringt, immer wieder alte Peinlichkeiten, Äusserlichkeiten und Schwachstellen seiner Gäste genüsslich auszupacken und sie so blosszustellen. Bei Thiel war's der lila Kamm, bei mir das Kopftuch und bei einem anderen das Toupet oder weiss der Kuckuck. Gerade er, der für Menschenwürde und Fairness plädiert, sollte diese grenzwertige Schiene verlassen. Sie bringt nichts ausser Verdruss. Ständige Provokationen erlauben keinen vertieften, spannenden Talk, weil der Gast immer auf Abwehr oder Rechtfertigungskurs ist. Das ist ermüdend, auch für die Zuschauer. Was nicht heissen muss, dass man Fan-Journalismus betreiben muss.

So kommt es, dass wir nach dieser verunglückten Sendung leider mehr über ihre Protagonisten, statt über das brennende Thema wissen, nämlich all das Unrecht und Leid, das heute im Namen sogenannter Götter, Propheten und Religionen auf dieser Welt geschieht. Oder darüber, wie schnell jemand in falsche Schubladen gesteckt wird, wenn er oder sie eine andere, nicht schöngebürstete Mainstream-Meinung zu Politik und Staat hat. Darum würde es eigentlich gehen und nicht um verletzte Eitelkeiten und vernebelte Halbwahrheiten.

Der ganze mediale Hype und die extremen Äusserungen in allen Foren zu dieser Sendung zeigen: Es hat sich sehr viel gegen »Schawi-Allmighty« zusammengebraut im Laufe der Jahre. Er, der vom früheren Piraten und Underdog selbst zum Establishment mit mächtigen Freunden aufgestiegen ist, verlor im Laufe der Jahre Sympathien. Wenn er seine Gäste flachwalzt mit seinem rhetorischen Doppelhänder, deren Haltung in den Dreck zieht und gleichzeitig seine eigene überhöht, geht der Schuss nach hinten los. Alle Sympathien landen da zwangsläufig beim Geprügelten. Die Schweizer sind hamonie- und konsenssüchtige Menschen. Direkte, selbstbewusst vorgetragene Machtdemonstrationen und Besserwissereien werden von den Wenigsten goutiert. Es ist dann natürlich nie schön, den Liebesentzug des Publikums zu spüren, nur bringt es wenig bis nichts, danach die Fehler bei den anderen zu suchen.

Ich sehe das Ganze als Chance zur Selbstreflexion. Auch ein Roger Schawinski kann sich im Alter verfeinern. Ob er das will, steht auf einem anderen Blatt. Es wäre schön. Er hat einiges in diesem Land bewegt – als Radio- und TV-Pirat und als Unternehmer, dafür gebührt ihm Respekt. Ich hoffe jedoch für ihn, seine wunderbare Frau und überhaupt, dass er endlich lernt, was *wir alle* immer wieder üben müssen: *zuhören und mitfühlen.* Es ist so wichtig. Und: Ich plädiere für den fried- und herzvollen Krieger, der seine Pfeile etwas im Honig tränkt, bevor er sie abschiesst.

Appell an Roger und Andreas (und alle Streithähne dieser Welt): Reicht euch die Hand! Ihr habt viel zu sagen. Gebt euch einen Ruck, denn wenn zwei solch Weitgereiste das nicht einmal schaffen, wie soll dann je Weltfrieden entstehen?

MERCI GENIE!

Ja, es wurde schon überaus viel geschrieben und gesagt. Verstorbene können keinen Einfluss mehr nehmen. Ungeschützt sind sie den »trauernden Freunden« und »Kennern« ausgeliefert.

Ich kannte Udo Jürgens etwas näher. Eine nahe Freundschaft war es nicht. Er hatte eh nur wenige echte davon – wie wir alle – trotzdem will ich, bevor der Strom der Zeit uns weiterreisst, noch ein paar Gedanken, Bilder und Erinnerungen mit Ihnen teilen.

Udo war der Lieblingssänger meiner Mutter und er erinnerte mich in seiner Gestik manchmal an meinen Vater. Er traf trotz des Beat- und Rock-Aufbruchs auch bei mir einen Nerv. Ich war von Kindesbeinen an in das Piano verliebt, dieses Klanguniversum in Dur und Moll. Es löst in mir, schön gespielt, etwas Monumentales, etwas Grösseres als das real Erlebbare aus. Ein Klavier ist ein ganzes Orchester in den eigenen Händen, eine Möglichkeit des Ausdrucks, das es so bei keinem anderen Instrument gibt.

In den Sechzigerjahren befand ich mich im beruflichen Niemandsland, mit grossen Träumen, aber ohne klare, gesicherte Zukunft. Neben all dem Rock 'n' Roll gab mir sein Song *Was ich dir sagen will* (sagt mein Klavier) damals Trost und einen richtigen Schub. Die Kraft für die Hoffnung, die mich phasenweise unverwundbar machte. Ich fand und ging meinen eigenen Weg. In der Musik sowie in der Liebe.

Schicksal, Ausdauer und Fortuna waren mir tatsächlich hold und ich durfte später mit Krokus unerwartet schöne Erfolge feiern, ein paar Hits gebären und die Welt bereisen. Ich wurde beglückt von der grossen Freiheit, von schönen Bühnen und wundervollen Frauen, bekam alles, was sich ein Musiker wünscht.

Später erlebte ich eine erste Begegnung mit dem Grandseigneur des deutschen Chansons. Ich war eingeladen, als Musikproduzent seinen Song *Siebzehn Jahr, blondes Haar* mit Steve Lee und Gotthard rockig umzusetzen. Der Anlass war Udos sechzigster Geburtstag in Innsbruck und es wurde ein gigantisches Fest mit vielen internationalen Gästen. Danach wurde gefeiert, als gäbe es kein Morgen. Ja, diese Nacht bekam rosarote Ränder und Udo gab Vollgas. Wir Rocker mussten schauen, dass wir mithalten konnten.

Für Udo ging spürbar ein Lebensabschnitt zu Ende. Und so waren wir auch in bluesiger Stimmung, als wir uns ein paar Tage später spontan in seiner Wohnung im Corsohaus in Zürich trafen. Es entstand ein ungewöhnlich tiefgründiges Gespräch über Gott, das Leben, die Musik und die Liebe. Ein Satz, der mir besonders blieb, war: »Die Einsamkeit ist der Nullpunkt, wo alles wieder zu wachsen beginnt.« Ich wusste genau, wovon er sprach. Er legte witzig und philosophisch nach: »Das Leben ist doch ein einziger Widerspruch: Heirate oder heirate nicht, du wirst es bereuen.« Er war schon ein besonderer Mensch, dieser Udo. Weder glaubte er an Religionen, Götter, noch brauchte er einen Himmel als Erlösungshoffnung nach dem Leben. Seine These war eine andere: Hier, jetzt, und das mit Vollgas, denn es gibt nur einen Durchgang, ohne Zugabe. Natürlich brauchte er nebst der Bühne die Frauen zum richtig Aufleben: »Jede Liebe ist eine grosse Liebe«, und »die Liebe ist erst abgeschlossen, wenn man waagerecht in der Kiste liegt«. Ja, da war der Chansonnier ganz Rock 'n' Roller.

Ich lernte aber auch einen hilfsbereiten Menschen kennen. Damals hatte ich arge Probleme mit meiner Liebsten und erzählte ihm das. Wir sprachen länger darüber. Plötzlich griff Udo entschlossen zum Handy, um mit meiner Freundin die Wogen zu glätten. Was ihm auch prompt gelang. Danach spielte er für uns (die Telefonleitung war noch offen) den wunderschönen Jazzstandard *There will never be another one like you*. Welch ein magischer Moment – für mich unvergesslich!

Dieselbe Freundin holte Udo ein Jahr später im Beverly Hills Hotel ab und brachte ihn zu mir ins Aufnahmestudio. Die Freude war riesengross

Wir nahmen ein Piano zu meinem *Song Sweet little Rock 'n' Roller* auf. Die Stimmung war ausgelassen, als wir danach den legendären Sunset Strip hinunterfuhren und im Rainbow Bar and Grill zu Nacht assen. Er zeigte sich interessiert an all den Rockbands, die in diesem bekannten Lokal mit Fotos, Widmungen und Platinauszeichnungen verewigt sind. Ganz abgesehen vom betörenden Service-Personal, das uns allen immer wieder den Kopf verdrehte. Er war stets freundlich und respektvoll – alte Schule eben. Danach gingen wir ins legendäre Whiskey A Go Go, Livemusik hören. Ein grosser Abend!

Viel später tauchte er in Festlaune zu einer spontanen Solo-Aufnahme im Powerplay Studio auf, wo er kurz in beeindruckender Art einen Song in einem Take einspielte. Gesang und Piano zusammen. First Class Old School eben. Diese Aufnahme, die nie herauskam, höre ich mir immer wieder an, weil sie so launig, nah und ungeschliffen ist. Hätte ich je die Chance gehabt, ihn zu produzieren, wäre ich genau diesen Weg gegangen, so wie Rick Rubin mit Johnny Cash. Runtergestrippt und pur – wirklich pur. Ich mache mir heute sogar den Vorwurf, mich nicht intensiver bei seinem Manager Freddy Burger für diese Idee eingesetzt zu haben. Mit Pepe Lienhard hätte ich einen starken Verbündeten gehabt. Für ihn war das auch kein Hit, dass der Produzent P. Wagner seit Jahrzehnten das Monopol auf die oft so sterilen und seelenlos klingenden Udo-Studio-Produktionen hatte. Der Coach der alten Schlagergarde hatte den gutmütigen Udo buchstäblich im Würgegriff und wusste, wie ihm den Schmus zu bringen sei. Die Liveband wurde zu Gunsten von Computern und Studiomusikern einfach ausgeklammert, was selten gut kommt auf Tonträgern. Für mich, als Fan von echter, lebendiger, handgemachter Musik, absolut unverständlich. Ich finde es auch falsch, wenn ein Produzent ewig an einem Künstler klebt. Das hemmt die Kreativität. Da wäre noch so viel mehr möglich gewesen, an echter, starker Musik. Man hätte sich hier ruhig etwas am Vorbild Sinatras, Tony Bennetts oder Amy Winehouse orientieren können. Konkret wäre ich von Udo-Songs wie *10 nach 11* oder *Wie könnt ich von dir gehen* ausgegangen. Da blitzt das wirklich Geniale von Udo auf. Solches hätte ich angereichert mit ein paar seiner Lieblingssongs fremder Komponisten, die seinen Weg bereicherten. Alles extrem intim und reduziert: Piano und Stimme – vielleicht einmal einen Kontrabass, ein Saxophon oder eine Violine. Ich höre es genau: Gebet und Erhörung zugleich. Udos Stimme trägt das Ganze – ein Schuss direkt ins Herz.

Er hätte ein grosses Alterswerk verdient und es war in ihm drin, das spürte ich, aber eben ... time waits for nobody. Udo war auf seinem komfortablen Trip und ich auf meinem.

Unsere letzte Begegnung fand bei ihm zu Hause in Zumikon statt. Wieder ergaben sich extrem spannende Gespräche und dazu Hausmusik am Flügel. Wir jammten sogar an einem neuen Song mit dem Arbeitstitel: *Face of an Angel*. Udo ermunterte mich an jenem Abend zum Textschreiben und schenkte mir ein Exemplar seiner monumentalen Biographie *Der Mann mit dem Fagott* mit der Widmung: »Welch seltsame Wege sind es doch, die zur Freundschaft führen – bleib der Rock 'n' Roller, der du bist. Dein Udo.«

Draussen schneit es. Die medialen Aasgeier fliegen tief: »Udo heimlich verbrannt«, »Streit ums Erbe!«, »Er hat den Tod verdrängt«, »Der irre Run auf Udos Bademäntel.« Ich sitze an meinem Schreibtisch. *Bis ans Ende meiner Lieder* erklingt und ich versuche, seine Musik in Worte zu fassen. Sie ist kraftvoll, bombastisch und trotzdem federleicht, mit viel Sehnsuchtspotenzial für Heimatlose. Seine besten Balladen sind eine ästhetische, alchemistische Verbindung.

Schon seltsam, aber man konnte sich gar nicht vorstellen, dass Udo sterben würde, da er so etwas Unsterbliches hatte. Er sah jahrelang wie 66 aus, die Zeit, wenn das Leben anfängt. Und ich, der ich bald in diesen Lebensabschnitt komme, werde bestimmt noch oft an den spielenden und singenden Steppenwolf denken.

Merci, Udo, merci, du mein grosser, eleganter Romantiker, es war schön, so schön! Ich vermisse dich. Du hast alles von dir gegeben und uns immer wieder gezeigt, was wir eigentlich alle sind: Traumtänzer im Irrsinn des Lebens – diesem Feuerwerk an zu leichten und zu schweren Momenten!

»Ihr seid das Notenblatt, das für mich alles war« … stand auf der Einladungskarte. Ein Bild, auf dem Udo mit einem langen Holzstock schemenhaft einen Flügel in den Portugalsand ritzt. Die schlichte, aber sehr schöne Gedenkfeier in Zürich zeigte einmal mehr, wie vergänglich das alles hier auf Erden ist. Die, die noch da sind, treffen sich, schreiben ins Kondolenzbuch, starren ins Leere, lauschen den Pianoklängen, essen drei Häppchen, reden ein paar herzvolle Takte, prosten sich zu und wissen: Bald sind auch sie dran – alles nur eine Frage der Zeit. Der Tod holt uns alle, oft ohne Ankündigung. Darum lasst uns hier und heute singen: »Griechischer Wein, ist so wie das Blut der Erde – komm schenk dir ein« … Was bleibt uns denn anderes übrig?

KIND ENTWENDET DURCH SCHREIBTISCHBEHÖRDE

Kann ich mir vorstellen, dass eine erfolgreiche, angepasste und gepflegte Person ein grässlicher Mensch ist, wenn man ihn als Vater oder Mutter abbekommt? Und wie ich das kann!

Erst haben diese Erziehungsberechtigten jahrelang keine Zeit, die Vortragsübungen oder die Theateraufführungen ihrer Zöglinge zu besuchen, bis zur fünften Klasse erfährt das Kind völliges Desinteresse, was seinen Schüleralltag betrifft, und dann ... erst dann erfolgt der grosse (väterliche) Managerauftritt in der Schule, wenn es um Laufbahnentscheide geht. Die Lehrperson fragt sich oft zu Recht, wessen Laufbahn und Interessen jetzt tatsächlich im Mittelpunkt stehen. Ach, ich könnte mich bei der Beschreibung derartiger Eltern, »die nur das Beste« wollen, in Rage schreiben, aber ich will den Faden nicht verlieren. Denn ich kann mir eben genauso gut vorstellen, dass ein wenig angepasster, bescheiden gebildeter oder gar delinquenter Mensch ein aufmerksamer und liebevoll umsorgender Elternteil ist, der sein Kind bei Misserfolgen tröstet, voller Stolz seinen Sportanlässen beiwohnt, abends mit ihm Kartenspiele spielt und keinen Elternabend verpasst. Wem würden Sie tendenziell eher die Obhut entziehen wollen? Das vermeintlich Offensichtliche täuscht oft.

Der Kindesmord in Flaach wirft Fragen auf. Die Vermutung, dass eine Amtsperson aus der Distanz eine völlig verkehrte und verheerende Massnahme verordnet hatte, war Gegenstand von Untersuchungen und wurde dementiert. Die KESB ist eine überteuerte (wie das leider immer mehr vorkommt in diesem Land), nicht demokratisch vom Stimmvolk gewählte Instanz, sondern eine von der Politik installierte Amtsstelle, zentral – und damit oft entfernt gelegen –, die zu Bürozeiten geschäftet. Allein diesen Umstand empfinde ich als Realsatire, denn Familiendramen ereignen sich kaum zwischen acht und siebzehn Uhr, wenn Kinder in der Schule höckeln und Eltern arbeiten. Liest man die unzähligen Klageberichte auf kindergerechte-justiz.ch, wird die KESB vielerorts als eine wuchernde, lebensfremde, starre Institution wahrgenommen, mit der man besser nichts zu tun hat und die meist vor allem eins schafft: neue Probleme.

Soll ich ergo die früheren Zeiten zurückfordern, wo Vormundschaftsbehörden sich aus Dorfbewohnern jeglicher Berufszweige zusammensetzten und der Baumaler des Abends noch schnell zum Mündel schaute? Ich bin sicher, dass dieses Prinzip der niederschwelligen Nächstenhilfe oft das Richtige war. Für die Ansprechperson im Dorf war der Klient ein real existierender Mensch, nicht bloss ein Fall mit Referenznummer. Dennoch werde ich mitnichten das »Früher-war-alles-besser-Lied« anstimmen. Es leben heute noch Menschen unter uns, die in ihrer Jugend mit den damals gebräuchlichen medizinischen Begriffen wie »Schwachsinn« oder »Idiotie« gebrandmarkt wurden. Man verwendete diese Diagnosen bei Kindern und Erwachsenen aller Gattung. Minderjährig gebärende Frauen, Landstrassenkinder, etwas aufmüpfigere oder unter Armutsverwahrlosung leidende Wesen und viele andere konnten so bequem versorgt und ausgebeutet werden.

Nein, es war weder früher noch heute besser. Auch in dieser Minute wird vermutlich gerade irgendwo eine sadistische Form der Seelsorge verübt – von einer solide und langjährig ausgebildeten Person, der blind Schutzbedürftige anvertraut werden.

Natürlich ist mir klar, dass dieser Job extrem anspruchsvoll ist. Ich verstehe auch, dass optimales Personal für so eine Aufgabe rar gesät ist. Umso mehr ist aber auch allerhöchste Vorsicht geboten, wenn man in ein Familiensystem eingreift. Es braucht sehr viel gesunden Menschenverstand, Ahnung und Herz. Das Kindeswohl muss immer an erster Stelle stehen. Das sollten auch die Eltern bei ihren Streitereien immer und immer wieder vor Augen haben, und Externe erst recht. Man muss einfühlsam und weise in diese geschundenen Wesen schauen können. Beamte, die selbst keine Kinder haben, sollten meiner Meinung nach sowieso nicht das finale Sagen haben. Ausnahmen gibt's immer, das heisst Berufene, doch die kommen oft gar nicht erst zum Einsatz, weil ihnen die Titel und Abschlüsse fehlen. Gegenüber Akademikern, Experten und Berufspsychologen bin ich äusserst skeptisch. Für meine Begriffe sitzen sie zu viel hinter ihren Pulten, anstatt vermehrt den direkten Kontakt vor Ort, dort wo's passiert, zu suchen, um sich so ein klares Bild beider Seiten, die womöglich überzeichnen, zu machen. Auch ich leide, wenn ich sehe, wie oft Kinder von ihren Eltern schlecht oder gleichgültig behandelt werden. Es gibt mir regelrecht einen Stich ins Herz, seit ich selbst Vater bin – jedes Mal. Eine Fremdplatzierung sollte jedoch der allerletzte Schritt in so einer unglücklichen Angelegenheit sein. Und die stetig wachsenden Heime für diese unglücklichen

Kinder sind ganz genau zu überwachen. Denn letztlich müsste es dort ja dann deutlich besser sein als zu Hause bei den Rabeneltern. Sonst bringt das alles gar nichts, im Gegenteil.

»Wenn eine Behörde so viel Widerstand und Unbehagen auslöst, kann man davon ausgehen, dass etwas nicht stimmt. Und zwar nicht mit den Bürgern, die sich beschweren, sondern mit der Behörde. Von einer Behörde, die gut arbeitet, hört man nämlich nichts.« Das sagte die Schriftstellerin Zôe Jenny absolut richtig. Die Missstände sind und waren zahlreich. Die Frage bleibt, wo der Verbesserungshebel anzusetzen ist. Ich fordere eine 24-Stunden-Anlaufstelle – sonst brennt auch überall Licht in der Nacht! Und finale Massnahmen sollten zwingend in einem Gremium verordnet werden, das Laien aus Umfeld und Gemeinde der Betroffenen einschliesst. Ihre Stellungnahmen sind gewichtig. Experten, Psychologen und Juristen in verfilzten Machtpositionen dürfen keinesfalls das ausschlaggebende Sagen haben. Wenn staatliche Behörden zu selbstgerechten Königreichen verkommen, ist es an der Zeit, genauer hinzuschauen und dem Treiben Einhalt zu gebieten. Menschliche Probleme lassen sich nicht mit Papierschwärzen, Fachwörterjonglage oder mittels Computerklick lösen. Der Staat ist es allen Betroffenen schuldig, dass er sein Handeln klar und verständlich erklärt, und zwar so menschlich wie möglich.

Der Fall Flaach wurde vorwiegend aus Elternsicht abgehandelt. Dies zeigt knapp die Hälfte des Elends. Werden Kinder ihren Eltern entrissen, ohne vorherigen Leidensdruck, verlieren sie alles, die ganze Welt wird ihnen genommen. Dieses Trauma ist kaum schadlos zu überstehen. Es wird ihnen zeitlebens an Urvertrauen fehlen, die Seele wird stets in Alarmbereitschaft und im Katastrophenmodus bleiben. Und für nüchterne Denker und Zuleser: Solche Kinder generieren im Laufe ihres Daseins erneut Kosten. Egal, ob es sie später in die Depressionshölle haut, ob der Enttäuschung Aggressionen folgen oder ob sie sich in die Krallen bewusstseinserweiternder Substanzen begeben ..., sie werden die Gesellschaft mit der für gebrochene Seelen üblichen Zweidrittelwahrscheinlichkeit auf ihre Weise fordern.

Ich will mithelfen, die Dinge in eine bessere Richtung zu lenken und Leid zu vermeiden. Augen auf – nicht nur im Strassenverkehr! Jeder von uns ist gefordert, sich einzubringen, wenn der Härtefall auf dem Amtsschimmel reitet. Auch wenn es phasenweise aussichtslos erscheint: Lasst euch da nichts gefallen!

UND ES WAR SOMMER

Ich sagte meiner Tochter: Dieser Freitag ist der beste Tag des Jahres. Es war der Freitag vor den Sommerferien. Sie wusste genau, was ich meinte.

Und trotzdem: Sind Sommerferien jemals lang genug?

Dieser Jahresabschnitt begann gut. Wir spielten mit diversen Tonkünstlern am *Rock the Ring Festival*. Irgendwie schon crazy. Früher hing ich bis sieben Uhr morgens an einer Bar oder lag neben einer Blondine. Heute frühstücke ich um diese Zeit. Aber die senile Bettflucht hat auch ihr Gutes. Ich traf zufällig Peter Maffay auf der Terrasse des Hotels. Er sass völlig allein da und winkte mich heran. Wir sprachen zwei Stunden über Gott, die Welt, Musik und die unterschiedlichen Wege. Er aus dem Osten, ich aus dem Westen. Auf Rock 'n' Roll stehen wir beide. Mich beeindruckt – nebst seinem Werdegang als Musiker –, was er karitativ auf die Beine stellt. Wie viele Kinder und Jugendliche aus problematischen Verhältnissen er und sein Team mit ihren Schutzräumen in Mallorca, Deutschland und Rumänien glücklich machen. Das nenne ich nachhaltige humanitäre Hilfe, die auch ankommt, und erst noch ohne staatliche Unterstützung – Chapeau!

Kurz danach verabredete ich mich auf dem schönen Hinterweissenstein zum ersten Mal mit Matthias Sempach, dem Schwingerkönig, der mal kurz für den Treff eine Trainingspause einlegte. Dass er nebst dem Naturjodel auch auf härteren Sound steht und einiges zur Musik zu sagen hat, überraschte mich. Ich gab ihm danach seine erste Schlagzeugstunde. Wir verstanden uns bestens. Das Gleiche gilt für Ständerat Thomas Minder, der mir im wunderschönen Städtchen Schaffhausen begegnete. Ein Mann, den ich für seine Courage und Standfestigkeit bewundere. Einer der wenigen, der sich konsequent für die Volksanliegen in Bern einsetzt – oft als einsamer Rufer in der Wüste der Berufspolitiker, Lobbyisten, Geldverzettler und Juristen.

Etwas weniger erfreulich verlief ein Treffen, welches das SRF für die Serie *Blinddate* einberief. Nomen est omen – ein blinder Treff wurde es dann auch. Da ich und mein mir unbekanntes Gegenüber (Gabriel Vetter) keinen wirklichen gemeinsamen Gesprächsstoff fanden, verbissen wir uns in politische Allerweltsthemen, die man in so kurzer Zeit am TV gar nie zufriedenstellend bewältigen kann. Also blieb das Gespräch an der Oberfläche. Wir hätten lieber über das Liebesleben der Borkenkäfer, Migros- oder Coopkinder und den letzten Hut der Queen parliert. So wurde es zum altbekannten Klassiker: Willst du Krach am Familientisch, beginn über Politik zu sprechen. Trotzdem, für irgendetwas wird es wohl gut gewesen sein.

Eine Woche später reiste ich mit meinem Tochterherz nach Rom. Wow! Was für eine Stadt, auch heute noch. Wir waren von der Schweizer Garde eingeladen zu einem Backstagebesuch im Vatikan. Die Jungs, die dort arbeiten, machen einen Superjob. Seit 1506 im Einsatz, zeigen sie, was Zuverlässigkeit Made in Switzerland ist. Die Führung ging auch durch die Vatikanischen Gärten, auf die sich besonders meine Tochter freute. Sie fragte mich: »Wo sind denn die Blumen, Papa?« Nun, Papa konnte die Frage auch nicht schlüssig beantworten, aber etwas mehr Flowerpower täte den Geistlichen sicher gut. Ich verwies dafür auf die wunderschönen Pinien, Kiefern, Steineichen, Zypressen, Zedern, Palmen und die in Europa einmaligen grünen wilden Papageien in den Bäumen. Auffallend auch: Die Glocken am St. Petersplatz läuten sanfter und harmonischer als in Solothurn – weniger Sturmgeläute.

Aber das war noch nicht alles. Ich spielte seit Langem wieder einmal mit Kindern in einem Sandkasten – welch ein Gefühl! Und ein Flashback: Meine eigene Kindheit, die meiner Tochter und heute da im Sand mit den Kleinen. Schon da geht's darum, wer nimmt wem etwas weg. Viele Tränen, Geschrei und Wehklagen. Ich konnte zum Glück zur Zufriedenheit aller Anwesenden ausgleichend vermitteln und sah bald wieder glänzende, freudige Kinderaugen. Ein schöner Moment.

Kaum zu Hause, erfuhr ich dann, dass Pop-Titanin Rihanna ein Krokus T-Shirt zum Auftakt ihrer Monster-US-Tour vor 90 000 Menschen trug. Unglaublich, und da soll einer sagen, das Leben sei keine Wundertüte!

Was mir in diesen Zeiten aber leider auch heftig und unausblendbar zu denken gibt, ist der Zustand dieser Welt. Technologisch grosse Fortschritte – menschlich schon wieder auf dem Rückweg zum Neandertaler. Zähmung misslungen – Hoffnung gestorben. Krieg über Krieg, Elend, Verbrechen, Krankheiten, Habgier, Korruption, Menschenverachtung, drohender Völkermord und ein zunehmend ratloses Europa und Amerika. Ein Leben auf Kosten der Zukunft. Wenn das nur gut kommt! Zweifel ist angebracht.

Heute ist wieder Montag, das Kind in der Schule und ich sitze auf dem Balkon. Ein Psychohahn kräht seine atonale Zugabe und aus meinem Radio tönt: »Es war ein schöner Tag, der letzte im August, die Sonne brannte, als hätte sie's gewusst ... Und es war Sommer ...«

Ja, er war schön, rätselhaft und verregnet.

DER STEUERBLUES

Bei meinem letzten Kretabesuch sprach ich einen Griechen auf das Thema Steuern an. Er machte ein Gesicht, als würde ich mit voller Kraft auf seine Füsse steigen. Beim Barte des Zeus! Für ihn und viele seiner Landsleute sind Steuern ein erlaubter Fall von Raub, eine entschädigungslose Enteignung zugunsten der öffentlichen Hand. »Christos, was glaubst du, wo mein Steuergeld hingehen würde? In die Schulen? In die Strassen? In die Krankenvorsorge? Zu den Bedürftigen? Vergiss es, Christos, von dem Geld profitieren hier nur die korrupten Politiker und Staatsangestellten, die wenig bis nichts für dieses Land tun.« So denkt in Griechenland fast jeder und man kann es ihnen nicht einmal verübeln.

Es ist überall auf diesem Planeten schwer, jemanden zu finden, der gern Steuern bezahlt. Schon Balzac sagte: »Der Fiskus hat kein Herz, er kümmert sich nicht um Gefühle, er packt mit seinen Krallen jederzeit zu« und Albert Einstein ergänzte: »Am schwersten auf der Welt zu verstehen, ist die Einkommensteuer.« Warum eigentlich? Ich denke, das hängt damit zusammen, dass wir eh schon überall für alles zur Kasse gebeten werden, egal ob Abfall, Auto, Zug, Hund oder TV. Es gibt in diesem Land an die 50 verschiedenen Steuern. In Italien und Frankreich sogar über 200! Der Hauptgrund des Steuerfrustes liegt jedoch woanders. Fast alle Menschen, mit denen ich spreche, haben das Gefühl oder wissen, dass das vom Bürger einbezahlte Geld vom Staat falsch eingesetzt, zu grosszügig verschwendet oder gar in den Sand gesetzt wird.

Die von Steuergeldern finanzierten Notwendigkeiten, Wohltaten und Investitionen sind viel zu wenig sichtbar oder ständige Grossbaustellen, wie zum Beispiel das Bildungswesen, die soziale Wohlfahrt und die Sicherheit, die AHV und IV, der Verkehr, Umwelt und Energie, das Gesundheitswesen, die wuchernde, träge Verwaltung. Es fehlen Erfolgsmeldungen und neue, schlanke, schnell umsetzbare Visionen. Klar ist das nicht einfach und zu viel Geld verdirbt den Menschen. Ich glaube leider, wenn wir alle wirklich wissen würden, wo die hart erarbeiteten Berge von Steuergeldern hinkommen und was damit geschieht, wäre die Zahlungsbereitschaft restlos im Eimer. Klar ist auch, dass die Tendenz des Staates, mehr Geld zu fordern, einhergeht mit der Tendenz, auch mehr zu verschwenden. Das war schon immer so: Mit fremdem Geld hantiert sich' eben lockerer – leider oft zu locker. Beispiele gibt's zuhauf.

Die Schweizer sehen es als ihre Bürger- oder Unternehmenspflicht, Steuern vorbildlich zu bezahlen. Seit Anfang der 1990er Jahre verschlechterte sich jedoch die Steuermoral stetig. Die Gründe liegen, neben den Steueramnestien für die Falschen, auch am unverständlichen, rasanten Anstieg der Staatsausgaben und der Verschuldung. Dazu noch das fehlende Gespür gewisser Abzocker in der Wirtschaft, aber auch in der Politik. Wenn sich zum Beispiel die sonst schon überschuldeten Berner im Kantonsparlament mal kurz 47 % mehr Lohn gönnen, zeigt das wenig Respekt. Anstatt sichtbar gutes, professionelles Stadt- oder Kantonsmanagement zu betreiben, sitzen heute immer mehr Moralapostel und Saubermänner in diversen Verwaltungsräten, nehmen endlos Mandate an und kriegen ihre Hälse nicht voll genug. Hauptsache Macht- und Lohnerhalt. Doch was sendet das für Signale an den Normalbürger?

Als Krönung obendrauf noch das totale Bankenghetto, wo Volksvertreter mit flatternden Hosen und Angstschweiss vor den USA nie gesehene Bocksprünge machen. Rechtsstaat ausgehebelt! Man muss sich das mal vor Augen führen! Gerade die USA, die nun weiss Gott kein Vorbild in Bankensachen ist! Nein, schlechter und unglaubwürdiger stand das Erfolgsmodell Schweiz selten da. Die Gründe: Erfolgsmüdigkeit, Verhätschelung, Unwissen, Raffgier, Grössenwahn und Schlendrian auf vielen Gebieten. Was vergessen wird: Die anderen Länder sind hungriger und aggressiver, weil es den meisten miserabel bis sehr schlecht geht, während wir sattgefressen unser selbstgefälliges Mittagsschläfchen halten.

Trotzdem lebe ich gerne hier, weil vieles noch funktioniert und mein Herz und meine Wurzeln in diesem Land sind. So bezahle auch ich weiterhin meine Steuern in der Schweiz. Ehrensache, und mein Beitrag an das Land, das mir, wenn auch mit etlichem Widerstand, die Gelegenheit gab, etwas aus meinem Leben zu machen. Leider leistet mein Beitrag nur wenig zum Volkswohl, doch mit dem müssen alle Steuerzahler der Welt leben. Wenigstens wird uns erlaubt, Kritik zu üben an denen, die wir fett bezahlen, das ist ja weltweit schon fast ein Privileg.

Sollte es jedoch immer schlimmer werden mit dem politischen Management und der Lebensqualität hierzulande, kann ich mich immer noch als Euro-Gräber in Kreta versuchen. Mein freundlicher Grieche mit der T-Shirt-

Aufschrift »Ich brauche keinen Sex, der Staat fickt mich jeden Tag« verriet mir nämlich noch, was seine Landsleute mit ihrem Schwarzgeld machen. »Wenn etwas übrig bleibt, verpacken wir es in Silberpapier und vergraben es tief in der Erde Kretas. Noch mehr als die Steuer fürchten wir die Mäuse.« Miau!

TRAUMBERUF MUSIKER

In den Sechzigern eröffnete ich meinen Eltern, dass ich auf jeden Fall Musiker werden wollte. Ihre Begeisterung hielt sich in Grenzen. »Da kannste ja gleich zum Zirkus.« Ganz falsch lagen sie nicht. Finanziell ist der Musiker sicher näher am Trapezartisten als am Juristen. Damals war eine ganze Industrie erst im Aufbau, alles unsicher und undurchschaubar. Hyänen und Blender hatten Hochkonjunktur. Von ein paar Ausnahmen abgesehen, steht der Beruf des Musikschaffenden auch heute wieder auf eher wackligen Beinen, obwohl mehr Musik denn je gehört und produziert wird. Was ist also das Problem?

Man muss sich das mal vorstellen. Du arbeitest zwei Jahre an einem Album mit 13 Songs drauf, steckst alles rein, fightest um jeden Ton, jedes Songarrangement, jeden Mix und jede Farbnuance des Umschlags – und am selben Tag, an dem das Teil endlich geboren ist und auf den Markt kommt, kannst du es innert Stunden gratis aus dem Netz herunterladen. Das ist, wie wenn einem Winzer, der seine Reben liebevoll hegt und pflegt, woraus schliesslich nach langen Mühen und Zweifeln vielleicht ein guter Tropfen entsteht, die Fässer mit dem Endprodukt geklaut werden. Klar, es wäre für uns alle schön, wenn es die »Alles-for-free-Welt« geben würde. Viele Musiker würden sicher gern gratis arbeiten, doch leider kommen, wenn sie www.pizza eingeben, keine Pizzas aus ihren Laptops und ihre Heizungsrechnungen und sonstigen Zwangsabgaben lösen sich auch nicht einfach auf.

Die Plattenbosse reiben sich nach den fetten Jahren verwundert die Augen. Sie gaben Compilations und Best-ofs am laufenden Meter heraus, machten die Musiker faul und verdienten sich dazu ein goldenes Näschen mit Formatwechsleraien. LP – Tonbändli – CD ... Nur den letzten Wechsel haben ihnen die Computerhersteller abgenommen, und zwar rotzfrech! Die Plattenbosse haben in ihrer Geldgier verpasst, ihre Künstler, die sie reich machten, zu schützen und ein Gegenmodell zum Internet als freies Transportmittel von Klängen zu entwickeln. Schliesslich diktierte ein Computerhersteller der ganzen Branche die neue Marschroute. Selbst schuld, ist man geneigt zu sagen, doch leider hilft das den Musikern nicht – sie stehen vor einem Scherbenhaufen. Urheber, die etwas erarbeitet haben, werden schamlos hintergangen, und nur noch Hersteller, Kulturvermittler, Zulieferer, Internet-Plattformen und Verleger verdienen am Kuchen. Es gibt keinen funktionierenden Markt mehr und mit Gratisangeboten kann niemand konkurrieren. Dass jene Verbraucher, die eh immer knapp bei Kasse sind, dieser kostenlosen Verführung nicht widerstehen können, ist zu verstehen. Vor allem die Jungen wollen am liebsten alles gratis.

Ich fand's schon komisch, als vor der Internetzeit in Zeitungen CDs als Werbegeschenk beigelegt wurden. Das trägt zur Entwertung der Musik bei; Musik als Werbegeschenk! Wenn wir als Geschenk für eine andere Industrie gelten, dann werden wir benutzt, und genau das widerspricht der Idee, dass man der Musik einen realen Wert geben muss.

Die einheimische Politik macht, wie so oft, ihr gut bezahltes Mittagsschläfchen und die verantwortliche Bundesrätin meint, sie wolle niemanden kriminalisieren. Das versteht sie wohl unter Konsumentenschutz. Es ist einfach, so zu reden, wenn man vom Staat fett subventioniert wird. Im europäischen Ausland und den USA ist das Downloaden von illegal zur Verfügung gestellten Inhalten strikt verboten und es wird scharf geahndet. Man probiert, die Künstler und ihr geistiges Eigentum so gut es geht zu schützen. Hierzulande passiert vorerst nicht viel und die Musiker dürfen sich noch billige Sprüche anhören wie: »Ihr habt's halt verpennt und müsst neue Geschäftsmodelle suchen. Das Internet ist eine grosse Chance für euch!« Mit Verlaub: Das ist schlicht Kokolores. Wenn echte Arbeit keine Wertschätzung mehr findet, die fetten, millionenschweren Bands einfach ihre Livegagen verdoppeln und ihre Ware mit einem noch fetteren Apple-Deal verschenken, ist das schlicht unfair vor allem gegenüber jüngeren Gruppen, die kaum von ihrer Musik leben können.

Beat the system! Ja, Piraten haben mir schon immer gefallen und Robin Hood erst recht – aber die nahmen nicht von denen, die eh nur von Brosamen leben mussten. In einer digitalen Welt liegt es auf der Hand, dass Immaterialgüter sehr einfach verschoben und kopiert werden können. Wenn wir dem nicht Einhalt gebieten, dürfte es für die Schweiz auch noch in ein paar anderen Branchen schwierig werden. Oder wir stossen doch noch auf ein paar Bodenschätze, auf Gold oder Öl unter dem Sarnersee … Nein, den durch Datenklau entstehenden Schaden können die Musikschaffenden, vor allem die weniger bekannten, nicht durch Konzerte oder Fanartikel kompensieren und aus den Werbeeinnahmen der Onlineportale gibt's auch nix. Streaming-Dienste wie Napster bezahlen gerade einmal 0,002 Rappen pro Download an die Autoren – viele

Interpreten wollen auf diesen Seiten gar nicht mehr auftauchen.

Nun, Pandoras Box wurde geöffnet und auch ich habe hierzu keine Patentlösung. Vielleicht müssten illegale Angebote bei den Access Providern (Swisscom, Cablecom etc.) herausgefiltert werden. Dafür sollte die Politik sorgen. Doch kämpft man da gegen eine Hydra. Du eliminierst zwei und gleichzeitig wachsen fünf nach. Ändert sich jedoch nichts, geraten Musiker zunehmend in die Subventionsmühle, und das ist eine ungesunde Entwicklung. Sagen wir es so: Wie erfolgreich diese Amtsstellen unter Führung der staatlichen Kulturfunktionäre eine gewisse Elite und ein paar Nachwuchsfüchse hochhätschelt, das wissen wir ja. Da wachsen selten bis nie wirkliche Schätze nach. Fast immer machen diese willkürlich verteilten Subventionen zeitgenössische Kunst eher faul, unerfinderisch, leblos und mittelmässig. Wenige Ausnahmen bestätigen die Regel.

An alle Nachwuchskünstler mit der grossen Erwartungshaltung: Bleibt dran. Schürft tief und geht auch auf Wanderjahre ins Ausland. Das bringt es immer. Musik ist Berufung, ein Segen, aber auch eine launische Geliebte. Wenn du es wegen dem Erfolg und dem Geld machst – vergiss es. Gute Musik ist etwas Heiliges, etwas Zerbrechliches. Sie verlangt dir vieles ab. Aber sie ist auch ein Tröster, ein Heiler und eine enorme Bereicherung. Diese Welt braucht das mehr denn je und irgendwann werden die Botschafter der Töne auch wieder fairer entlöhnt. Die Mittelmässigen, die es nur wegen Ruhm und Kohle taten, sind dann längst gegangen. So hat jedes Schlechte wie immer auch eine positive Seite.

VERANTWORTUNG – EHRENSACHE!

Neulich auf dem Kalenderblatt: »Jede Elterngeneration hat ein Thema, an dem sie zu knabbern hat: In den Fünfzigern war es Rock 'n' Roll, in den Sechzigern die freie Liebe, in den Siebzigern die Drogen und in den Achtzigern die Kinder, die Börsenmakler werden wollten.«

Und heute? Es drohen 24-Stunden-Dröhnung, Littering und Schuldenfalle. Jede Zeiterscheinung wird zelebriert bis zum Niedergang.

Können wir es verantworten, unsere Kinder dieser Welt auszuliefern? Wir haben keine Wahl. Tagein, tagaus tragen wir Verantwortung für uns und andere. Egal, ob wir uns dafür ent- scheiden, etwas zu tun oder es zu unterlassen. Man stelle sich vor, der Dorfbäcker von Balsthal würde am Sonntagabend austicken und brüllen: »Schlafen gehen? Vergesst es! Um vier Uhr aufstehen? No way! Ich werde ja wohl nicht dafür zuständig sein, dass die Klusbewohner am Montagmorgen zu essen haben!« Doch, er hat die Verantwortung übernommen. Ohne sein zuverlässiges Aufstehen würden die Senioren im Altersheim Inseli vermutlich vor leeren Tellern sitzen und traurig an ihrem Kaffee nippen. Vielleicht ist der Dorfbäck von Balsthal auch stolz darauf, dass seine Brote und alle anderen Leckereien freudig erwartet und lustvoll genossen werden. Es ist doch Ehrensache, für etwas zuständig zu sein.

Im Alltag geht dieser Stolz jedoch oft verloren. Man ächzt und stöhnt unter der Last – der Job wird zur undankbaren Routine, die Freude schleicht ab. Frauen tragen schwer daran, ein Mittagessen auftischen zu müssen, das allen Familienmitgliedern mundet und ihnen die benötigten Nährstoffe zufügt. Männer checken selten, dass ihre Anwesenheit für das Glück von Frau und Kind entscheidend ist. Bricht die Familie dann auseinander, wundern sie sich, wie gut die Partnerin ohne sie auskommt und man würde wieder gern gebraucht. Dabei haben sie sich selbst wegrationalisiert.

Das ist heikle Kost, ich gebe es zu. Und wir alle tappen in dieselben Fallen. Aber wie steht's denn mit Verantwortung im öffentlichen Raum? Beinahe täglich höre oder lese ich von Fahrerflucht, Diebstahl, ungemeldeten Parkschäden, Beamtenwillkür, Doppelleben und Abfallsünden. Was ist mit dem Gewissen und dem moralischen Recht? Haben die das abtrainiert? Kollege Peter Bichsel hat sich unlängst an dieser Stelle ein paar Gedanken gemacht zur Belastbarkeit, die stets in den Stelleninseraten zuoberst unter den Anforderungen fungiert. Er meinte, belastbar seien Personen, die 4000 Menschen entlassen und trotzdem gut schlafen könnten. So frage ich mich, ob die menschliche Kreatur heute zu belastbar geworden ist. Ist es die Fülle des unverbindlichen und schier rechtsfreien Internets, die digitale Totalkeule allenthalben, die uns belastbar macht – und extrem verantwortungsscheu?

Mein Lieblingszitat zum Thema Verantwortung stammt vom dickbäuchigen, Stumpen rauchenden Antisportler Sir Winston Churchill: »Der Preis der Grösse heisst Verantwortung.«

Voilà. Wer keine Eier hat, sich für etwas stark zu machen und geradezustehen, wird auch niemals aus der Menge herausragen. Wenn ich seine Zitate lese, dann wünschte ich mir, seine Worte wären gelebte Gebote. »Mit bösen Worten, die man ungesagt hinunterschluckt, hat sich noch niemand den Magen verdorben«, lautet eine andere Churchill-Äusserung. Grossartig! Ich hätte gerne mehr davon. Wirtschaft und Politik bräuchten sie dringend. Lichtfiguren, die vieles nicht nur an-, sondern genau durchdenken. Solche, die nicht blutleer über Synergien und Wertschöpfung schwafeln, sondern das Herz, den Bauch und die Seele dem wirren Kopf entgegensetzen, und dann auch konsequent handeln. Eben nicht Windfahnen und Wendehälse. Grössen, die dem Namen Mensch Ehre verleihen, statt ihn mit Füssen zu treten.

Gerade geht das Bild der Brille von John Lennon um die Welt. Sein Blut klebt noch daran. Ich halte beim Anblick dieses Mahnmals die Luft an, als ich während der Nachrichtenlektüre darauf stosse. Da ist vor 34 Jahren ein erstaunlicher Mensch erschossen worden, der Frieden propagiert und Liedchen geschustert hat, die heute noch in jedem Schulbuch zu finden sind. Vergessen ist er nicht. Für mich bleibt die grosse Frage: Warum wächst und heilt unsere Welt nicht an den Schmerzen und Erkenntnissen der Geschichte? Ist es fehlender Lernwille, oder ist die Erwartungshaltung, dass später geborene Menschen besser und reifer sein sollen als frühere, einfach falsch? Ich befürchte es zunehmend.

Verantwortung kommt von antworten und meinte im Mittelalter rechtfertigen (beim Verhör antworten). Ich hole mir jetzt an der Tankstelle ein Eis und höre The Doors … das kann ich verantworten.

VERGROBUNG ALLENTHALBEN

Egal ob in Spanien, Rumänien oder Kreta – wohin ich schaue, behandelt man Tiere, als wären sie schmerzfrei. Unzählige Hunde werden vergiftet oder fristen ein himmeltrauriges Dasein an einer Kette. Sie werden höchstens als Alarmanlage fürs Haus geduldet. Hartherzigkeiten wie diese stimmen mich ratlos.

Aus dem Jemen vernahmen wir unlängst Folgendes: Ein achtjähriges Kindlein wurde verheiratet und in der Hochzeitsnacht zu Tode penetriert. Gebärmutter zerrissen. Wie kann ein Mann sein Geschlecht in ein Kind hineinrammen, dessen Scheide höchstens die Grösse seines kleinen Fingers hat? Wie tief sinkt ein Volk, wenn es solche Ehen zulässt? Hinter dieser Gesetzgebung muss eine grundlegende Verachtung von Mädchen und Frauen stecken. Weibliche Menschen sind Frischfleisch und Verbrauchsartikel.

Einer Frau in Saudi Arabien drohte ausserdem der Tod, weil sie vergewaltigt worden ist. Es geschah ihr Unrecht und dafür wird sie bestraft. Der ultimative Hohn. In Indien sind offenbar Massenvergewaltigungen im Trend. Ein paar Showprozesse vermögen dies kaum zu ändern. Dann folgt die Story mit dem verkauften Romakind Maria. Es sei nur ein Beispiel von vielen, denn der Kinderhandel blüht. Oder die Sache mit den ungarischen Prostituierten, die, so scheint es, weniger wert sind als abgelaufene Pneus. In Afghanistan und Pakistan werden täglich Kinder mit Killerdrohnen um ihr Leben gebracht ...

Falls Sie jetzt schreien: »Schrecklich, sofort aufhören!«, dann bin ich beruhigt. Sollten Sie diese Dinge aber kaltlassen, dann schaudert's mich gleich noch einmal. Es erschreckt mich, dass auch bei uns zunehmende Vergrobung plus falsche Härte auf dem Vormarsch sind und sogar noch gesellschaftsfähig werden.

Da halten eine Ex-Schönheitskönigin und ein Ex-Skifahrer stolz je einen Hummer mit zusammengebundenen Scheren in die Kamera, um die Tiere anschliessend kalt lächelnd in den Sud zu werfen. Und ein wohlsubventionierter Bauer lässt gerade seine Schafe, die er nicht einfangen mag, auf der Alp verhungern und erfrieren. Was empfinden Menschen bei diesen Tötungsakten? Suhlen sie sich in ihrer Macht, ist es eine Art Lust, oder spüren und denken sie gar nichts dabei? Malochen, fernsehen, Bier trinken, Schwamm drüber.

Ich würde erwarten, dass die Welt zumindest zum Barbarentum im Jemen und in Afghanistan aktiv eingreift. Aber weit gefehlt! Man kehrt das lieber unter den hochflorigen Teppich und geht zur Tagesordnung über. Die weltweiten Wirtschaftsbeziehungen und das Wachstum sind wichtiger.

Ich denke einmal mehr an die Kleinsten, die Nachwelt, die wir gründen und einrichten. Ich würde ihnen gern gesunde, wetterfeste Wurzeln geben. Ein Urvertrauen, und ausserdem die Courage, sich gegen Ungebührlichkeiten zu wehren. Ob sie dies in der steuerlich abziehbaren Krippe oder zu Hause lernen – beides muss drin sein und unterstützt werden. Erziehung und Vorbilder mit Herz, Empathie und Verstand sind wichtig und ein grosser Dienst an der Gesellschaft. Sie sollten ebenso viel kosten dürfen wie

Kriegsgerät. Dazu kommt: Der Staat darf kein bestimmtes Familien- oder Betreuungsmodell bevorzugen. Und ein Land wie unseres sollte es sich wert sein, noch mehr auf Ethik, Chancengleichheit und Fairness zu bauen.

In den ersten Jahren werden die Weichen fürs Leben gestellt. Vernachlässigung, Stress, Spott, Herumgeschiebe, menschliche Kälte und Kleinmacherei sind Formen der Misshandlung, die sich später rächen. Den Sozialstaat und den Steuerzahler kosten sie dann Milliarden. Therapieplätze, Betreuer, Heime, Gefängnisse und Medikamente sind ruinös für jedes Budget. Unglück ist teuer. Und wer hinter ihm herläuft, kommt oft hoffnungslos zu spät. Eine Investition in die Vorbereitung auf das Leben – also in Familie und Kind – ist faktisch auch eine Sparmassnahme.

Eltern stehen selber häufig unter Druck und geben ihr Leiden und ihren Frust ungefiltert an die Kinder weiter. Trotzdem sollte die Familienzeit heilig sein. Stattdessen werden oft Ego und Karriere mit religiösem Eifer verfolgt. Die Folge sind vergrämte und gehässige Blockflötengesichter, statt Lebensfreude. Mir fällt das jedes Mal auf, wenn ich aus ärmeren Ländern zurückkomme. Was andernorts gesungen und gelacht wird! Das ging im Wohlstand verloren. Kein Wunder, ist die Selbstmordrate hierzulande eine der höchsten. Wer hungrig ist, kämpft ums Überleben, und wer zu viel will und bekommt, verliert zunehmend Bodenhaftung und die Seelenbalance.

Jetzt bin ich leicht abgeschweift. Von den Schreckensereignissen zurück in die Zukunft zu unseren Kids. Ein Touch mehr Besinnung täte uns gut – auf ein zufriedeneres, menschenfreundlicheres Leben. Dann würden vielleicht etwas weniger erkaltete, verlorene, gefühllose und abartige Wesen die Schlagzeilen prägen. Was leider bis heute nur sehr wenige begreifen wollen: Wenn wir keine besseren Kinder aufziehen und diesem wichtigen Prozess nicht mehr Beachtung schenken, wird es auch keine bessere Welt geben.

RAUCHZEICHEN

»I can get no, satisfaction« singen die Rolling Stones. Und genauso verhält es sich für mich mit dem Rauchen. Es gibt mir nach dem dritten Zug nichts und führt mich nur ins körperliche Elend. Also, was soll das? Und warum begann ich überhaupt je zu rauchen? Die ehrliche Antwort: Aus reinem Blödsinn, aus Langeweile, es war eher so ein Coole-Jungs-Mutding und es tat weh, richtig weh. Meine Lunge wehrte sich vehement – leider vergebens. Unterdessen bin ich wieder Nichtraucher. Fahre ich jedoch in ferne Länder, packt mich, umgeben von warmer, salziger Luft, oft die Raucherlust. Es schmeckt einfach anders. Wieder daheim, in kühleren Gefilden, höre ich jeweils schleunigst mit dem unappetitlichen Chabis auf. Schliesslich will ich nicht wie ein Aussortierter irgendwo im kalten, grauen Hinterhof mit ein paar Mitsüchtigen vor mich hin qualmen. Aber jene Menschen, die es tatsächlich fertigbringen, dann und wann, am Ende des Tagwerkes, oder nach gelebter Liebesfreud aus reinem Genuss eine zu rauchen, bewundere ich. Ein wunderbares Dessert.

Ich denke, dass viele Menschen aus Unsicherheit, Langeweile, Stress oder Imagegründen rauchen. James Dean, Marlene Dietrich und Lucky Luke wirkten halt schon anno dazumal beneidenswert souverän und selbstsicher, wie sie die Kippe so lässig zwischen Zeige- und Mittelfinger eingeklemmt hielten und mit stoischer Ruhe den Rauch gen Himmel hauchten. Auch bei Jean Paul Sartre, Helmut

Schmidt, Alberto Giacometti und Keith Richards hat man unsinnigerweise das Gefühl, dass ihre Kunst ohne das ständige Schloten gar nicht möglich gewesen wäre. Schliesslich ist Rauchen ein Psychopharmakon, eine Seelendroge, die Stress, Schmerz und Kummer unter dem Deckel hält und uns wohlgemut weitertrotten lässt. Mich störte jedoch schon immer, dass die wahre Satisfaktion beim Rauchen ausbleibt und ich immer kalte, stinkende Hände bekam.

Dann dieser grauenhafte Geruch vom abgestandenen Rauch. Da hilft auch Parfüm oder Deo nix – im Gegenteil. Wer abends vor dem Zubettgehen noch qualmt, schleppt diesen Aschenbechergeruch, der definitiv kein Gefühl von Freiheit und Abenteuer vermittelt, mit in die Laken. Eine Raucherlunge ist abartig eklig und man möchte innendrin keineswegs so aussehen. Dazu kommt, dass Raucher oft hässliche Zähne haben und nach jahrzehntelangem Giftstoffcocktail-Abfackeln erkennt man sie relativ leicht an der Farbe ihrer Haut und deren Beschaffenheit. Was zu Zeiten jugendlicher Frische geil gewirkt hat, wird in der Reifezeit zum Verlierer- und Schmuddelattribut.

Nun, der Aufklärung ist wohl Genüge getan. Jeder, ob er es wissen will oder nicht, erfährt, dass Rauchen eine Form von Körperverletzung ist und sogar töten kann. Man weiss, dass das Immunsystem geschwächt wird. Und jeder, der argumentiert, es seien schon zahllose Nichtraucher an Lungenkrebs gestorben, ist schlicht ein Schönredner. Aber wie schon zu meiner Zeit, lässt sich auch heute die Jugend nicht viel von den Grossen geigen. Und alten Hasen gewöhnt keiner das Hoppeln ab. Auch kein noch so kompetenter Gesundheitsdruide. Wobei natürlich das Beispiel ein wichtiger Teil der Erziehung ist. Meine Tochter hat in meinen Raucherphasen klar deklariert, was sie davon hält: »Du musst nichts sagen, du bist Raucher! Ich will nicht, dass du früh stirbst, Papa.« Das gab mir den nötigen Antrieb zum Rauchstopp. Aber auch ich bin vor Rückfällen nicht gefeit. Man muss wissen: Tabak rauchen kommt in der grossen Suchtskala direkt nach Heroin. Das wird man nicht so schnell los.

Trotzdem gelange ich zu der Ansicht, dass wir uns weitere Einsätze am Präventions-Poker-Abstimmungs-Tisch schenken dürfen. Wer heute nicht nach Rauch stinken und mitschloten will, muss auch nicht. Jeder soll seine Freiheit haben, zu tun und zu lassen, wonach ihm der Sinn steht, und dafür die Verantwortung übernehmen. Die Finanzspritze aus der solidarischen Krankenkasse kriegt er sowieso. So wie derjenige, der sich einen kolossalen Bauchumfang angefuttert hat oder der schnoddrige Abseits-Skifahrer im Elend unsere Unterstützung bekommt.

Ich will keine inflationäre Überregulierung durch den Staat. Freiheit und Selbstverantwortung sind mir die wichtigsten Güter, um Starkes, Innovatives und Einmaliges zu schaffen. Also besinnen wir uns darauf und geben dem gesunden Menschenverstand eine Chance. Wer nie ein Sackmesser in die Hand nimmt, lernt auch nicht, damit umzugehen. Wer niemals ein Feuer entfacht, kann seine Gewalt nicht einschätzen. Überleben bedeutet, in der Lage zu sein, zu sich zu schauen und zu wissen, wovor man sich hüten muss. Gesetze, die den Menschen und seine Visionen schwächen, haben wir schon genug. Ich finde, man soll jedem von uns den Umgang mit den Lebensgefahren zumuten. Sonst muss ich mir womöglich bald noch über die Strasse helfen lassen … Iiiiih, weg da!

FLASCHEN LEER – STEUERN HOCH!

Zeitungslektüre. Mehr als die Hälfte unserer Kantone ist hoch verschuldet oder demnächst pleite. Und der Finanzministerin fehlen in der Jahresabrechnung drei Milliarden (!) Franken. Wie bitte? Wird Schuldenmachen und Verschwendung zum Normalzustand ohne Folgen? Was passiert eigentlich mit den heutigen Rekordeinnahmen des Staates? Ich tue mich schwer mit dem Verstehen dieser Vorgänge. Aber wie wär's mal mit einem Ausgaben-Check, Freunde der Sonne? Das Gegenteil von: Ich gebe aus, also bin ich!

Ich finde, jede Person, die ein politisches Amt bekleiden will, sollte vorher mindestens ein Jahr lang ein Lädeli oder KMU führen und Verantwortung übernehmen, statt nur Theorie zu büffeln. Sie würde das echte Leben studieren, miterleben, wie die »Untertanen« in ihrem Tätigkeitsfeld auf abenteuerliche Massnahmen reagieren, und es dann besser einordnen können. Erst mit diesem Leistungsausweis sollten Berufspolitiker an die Honigtöpfe in Bern gelassen werden. Aktuell ködert man mit falschen Anreizen unpassendes Personal. Niemand, nicht einmal die Finanzbranche, bezahlt solche Gehälter wie die staatliche Verwaltung. Lockstoffe wie Wohlstand und Prestige ziehen leider oft lethargische und abgehobene Charaktere in die Kontrollstuben. Und das inflationär.

Es wird gemunkelt, wer in Staatsbetrieben nicht um 17 Uhr den Griffel niederlege und gar Dinge vereinfachen wolle, gelte schnell als Motzer und Aufmischer und reduziere seinen Freundeskreis. Dazu kommt die Obrigkeitsgläubigkeit – etwas, das mich erschauern lässt! Sie macht aus Menschen hörige Waschlappen ohne Rückgrat. Einige Vorgänge wirken fast zu originell, wenn sie einem ans Ohr dringen: Nach dem sauglatten 2,8 Millionen teuren »Tanz dich frei«-Debakel in Bern darf der Verantwortliche munter weitertanzen, eine Untersuchung über sich selbst machen lassen und sogar den Untersuchenden selber bestimmen – ein nasser Lappen im Gesicht des Steuerzahlers. Man redet dann viel von Kontinuität. Auf die Verschuldung und Verschleierung trifft sie durchaus zu.

Alles über 30 % Steuern ist eigentlich Räuberei! Früher hatten die hart arbeitenden Bauern den Zehnten den Regierenden abzuliefern. Heute ist es ein Vielfaches – wofür? Für öffentliche Leistungen, den ultimativen Gummibegriff – Gemeinwohl. Dahinter verbergen sich, nebst aberwitzigen Ausgaben ohne jeglichen Nachhalt, auch qualitätssichernde Gremien, die alles Erdenkliche evaluieren. Nebst dem Rumsurfen im Internet füllen sie Speicherplätze, schwärzen Papierstapel und ziehen absurde Schlüsse aus ihren Untersuchungen. Das ist im Grunde ein Schneeballsystem: Bürokratie hoch unendlich! Jeder, der arbeitet, muss wiederum einem Kontrollgremium Rechenschaft über sein Tun und Lassen ablegen. So werden Dokumente durch Instanzen weitergereicht, ohne dass dabei jemand eine Arbeit im ursprünglichen Sinne verrichtet hätte. Es wird wie wild ausgewertet und geschlussfolgert, damit man die Formulare zur Auswertung und die Auflagen verfeinern kann. Der Unterhund darf diese genau ausfüllen und so bezeugen, dass allfällige suboptimale

Komponenten nicht existent sind. So wird das arbeitende Volk gepeinigt bis zur Ausbrennerei. Die Folge davon ist auch eine Konstanz, was das Ansteigen der Krankenkassenprämien betrifft. Die psychische Befindlichkeit ist kein erfreuliches Thema und die Selbstmordrate in der Schweiz sollte zu denken geben.

Für mich ist klar, dass der Starke dem Schwächeren nachhaltig helfen soll. Ich will greifende Sozialnetze, gut ausgerüstete Schulen, familienfreundliche Politik, einen sicheren Lebensraum, solide Strassen und ÖV. Dafür will ich zahlen. Ich sehe jedoch viel zu viele dieser Zwangsabgaben in schwarzen Löchern, absurd zerdekorierten Kreiseln, überteuertem Fernsehen und vielem anderen wuchernden Unsinn verschwinden. Klar gäbe es durchaus Menschen, die fähig und tüchtig wären, diese Missstände zu beheben, aber die kriegen oft die Flügel gestutzt, bevor sie die trägen Wiederkäuer und Siebenschläfer aus ihrem Dauerschlaf wecken können. Man hat Angst vor Veränderung, weil es einen selbst betreffen könnte.

Einfach Gebühren rauf, Ausgaben über Schulden finanzieren und noch mehr Verwaltung – das kann sicher nicht die Lösung der Zukunft sein. Erst recht nicht, wenn die Zinsen wieder mal steigen. Jede verantwortungsvolle Familie, die schon einmal ins Minus geriet, musste beinhart lernen, sämtliche Ausgaben auf den Prüfstand zu stellen. Das ist natürlich nicht (immer) einfach, aber genau da schlampen etliche Politiker mit Vorsatz, damit ihre Wählerschaft nicht säuerlich reagiert. Indigene Völker sagen: Du musst dein Handeln an den Auswirkungen auf die siebte Generation nach dir messen. Das mag etwas abgefahren tönen; ich wär schon froh, würden wir an das denken, was unsere Jungmannschaft und deren Nachwuchs einst auslöffeln müssen. Generationengerechtigkeit nennt man das.

Der französische Sonnenkönig Louis XIV. meinte: »Der Staat bin ich!« In der Schweiz ist der Souverän gemäss Bundesverfassung das Volk. Er hat das letzte Wort und nicht der Politiker. Auch wenn uns der Obergaukler aus Germanien vorflötelt, dies sei zweifelhaft, da das Volk gewissen »komplizierteren« Zusammenhängen nicht gewachsen sei. Ich denke eher, dass sich die einen Leute alle vier Jahre blenden lassen und die anderen den Glauben an die Politikerkaste zu Grabe getragen haben und die Wählerei verschmähen. Ein sehr bedauerlicher Trend. Wir sollten uns freuen, dass wir noch eines der letzten Länder dieser Welt sind, wo wir, also du und ich, mitbestimmen können. Auch wenn vieles nur harzig oder gar nicht umgesetzt wird – jede Stimme zählt, und was wäre denn die Alternative?! Und, ja Freunde, wir haben absolut das Recht und die Pflicht unseren Staat und sein Gebaren kritischer zu verfolgen – denn WIR und niemand anderes bezahlt alle diese Leute. Ihr Lohn ist unser Schweiss. Verstanden?

Wie gerne würde ich am Vorabend einer anrollenden Wirtschaftskrise zur Abwechslung nebst den üblichen Steuer- und Gebührenerhöhungen einmal folgende Schlagzeile lesen: Führungspersonal verzichtet auf 20 % des Lohnes, da Kantonskasse leer! Man muss sich das vorstellen: Wenn der Staat seine Kosten nur um 10 % senken würde, könnte er die Steuern ebenfalls um dieses Zehntel senken, was wiederum die Unternehmen etwas entlasten würde, die unter dem starken Franken leiden. Doch das sind Träumereien. Während die Privatwirtschaft immer wieder Kosten senken muss, was leider oft auch Personalabbau mit sich bringt, rüstet der Staat unverhältnismässig auf, sei es mit Lohn oder mit Angestellten. Er tut das, weil er es kann, mit Geld, das ihm eigentlich nicht gehört. Übrigens ist nicht nur beim Staat, sondern auch bei den privaten Unternehmen die Welt komplexer geworden. Trotzdem werden nur sie gezwungen, effizienter und kostengünstiger zu sein.

Immer weniger Leute arbeiten heute im privaten Sektor und immer mehr im öffentlichen. Wer will nicht eine Stelle, die quasi unkündbar ist, und dazu einen fetten Batzen? Diese wundersame Vermehrung von Beamten und Gesetzen ist nicht nur äusserst ungesund, sie verhindert auch die fruchtbare Entwicklung und vor allem eine freiheitliche, soziale Marktwirtschaft. Das Land bekommt mit dieser überteuren, ineffizienten Bevormundung etwas, das, ausser den Virtuosen der Pseudo-Solidarität, sprich den Gewerkschaftlern, niemand bestellt hat. Danke Fräulein, falsches Menü, bitte zurück zum Koch!

DANKE MONTREUX, DANKE CLAUDE!

Es waren die frühen Siebziger. Ich hatte wenig Geld, aber einen unstillbaren Durst auf neue Musik. Eine der Pilgerstätten der Musik war Montreux, etwa eine Stunde von Solothurn entfernt. Per Anhalter, ja, man trampte damals noch, fuhr ich unzählige Male an dieses lauschige Örtchen. Montreux besass schon immer dieses Flair, diese Vision, die mir in meiner Heimatstadt fehlt. Bis heute! Man macht dort das Unmögliche möglich, weil kreative Geister am Werk sind. Claude Nobs hatte einen Riesenanteil daran. Ich fühlte mich immer willkommen, auch wenn ich gerade kein Cash für einen Konzertbesuch im alten Casino hatte. Selten blieb jemand draussen. Claude hatte ein grosses Herz für Musikliebhaber, was unter den hiesigen Konzertveranstaltern eher eine Rarität ist – für den leidenschaftlichen Nachwuchsmusiker jedoch paradiesisch und extrem inspirierend.

Unvergessen bleibt mir der Auftritt von Musiklegende Frank Zappa mit seinen *Mothers of Inventions* 1971, als das gesamte alte Casino und Zappas Equipment niederbrannte. Ich flüchtete über den Bühnenweg und nahm noch hurtig einen Schlagzeugstock von Aynsley Dunbar als Andenken mit, bevor alles in Flammen aufgog. Claude rannte rein und raus, und Zappa bestaunte seelenruhig draussen vor dem Flammeninferno das Abendrot und die nahen Berge – seine geliebte Gail im Arm. Die Rockgruppe Deep Purple war auch da, was sich als Glücksfall für ihre Karriere erwies, da sie, inspiriert vom Feuerinferno, den Allerweltsrocksong *Smoke on the Water* komponierten.

Zappa ging 1993 von uns, Claude überraschend im Winter 2012. Er ging mit seinen beiden Hunden bei Vollmond auf die Langlaufloipe oberhalb seines Chalets und fiel unglücklich auf den Kopf. Der Tod steht in keinem Organizer, er kommt, wann und wie er will. Claude spürte das. Bereits beim letzten Jazz-Festival im Sommer davor kam er mir vor, wie ein Geist, der Backstage durch einen hindurchblickte und schon über uns schwebte. Man spürte, dass die intensive Arbeit, der seltene Schlaf sowie diverse Herzoperationen an ihm nagten. Trotzdem blieb er ständig bis in die frühen Morgenstunden. Er war immer einer der Letzten.

Er hatte aber auch eine sehr starke, nicht zu unterschätzende Crew um sich herum. Sie hielt ihm den Rücken frei und half unermüdlich, seine oft abgefahrenen Ideen zu verwirklichen.

Magisch waren die Besuche in seinen Chalets in Caux. Anlässlich einer Plattenveröffentlichung von Krokus bekochte Claude uns aufs Feinste – seine Gastfreundlichkeit und Grosszügigkeit waren legendär. Das war einfach in seinem Blut. Dazu konnte er sich begeistern wie ein Kind und zeigte jedem, der sich interessierte, seine bunten Art déco Lampen und seine Modelleisenbahnsammlung. Das neue Chalet war schon fast ein Museum und auch seine beiden Hunde Kuki und Kiku, die im Chaletlift schliefen, wussten nicht immer, in welchem Flügel, zwischen welchen Instrumenten und Pfannen ihr Herrchen gerade war. Was uns verband: Wir waren beide für kurze Zeit mal Köche, er wohl der bessere, und teilten diese unbegrenzte Begeisterung für Musik jeglicher Couleur.

Heute besuche ich Montreux fast jährlich und verbringe meist mit meiner Tochter ein paar Tage an diesem magischen Ort, der dermassen mit Musik, Geschichte und Kreativität verbunden ist.

Auch wenn ich selten bis nie in Fünf-Sterne-Hotels absteige, da sie pure Langeweile in Plüsch und Seide sind, ist das Palace eine Ausnahme, eine Art Krönung von Montreux. Da ist phasenweise ein Spirit von Grosszügigkeit, Kreativität, Freude und Eleganz. Dies schätzten schon Lolita-Schriftsteller und Schmetterlingsforscher Vladimir Nabokov, Peter Ustinov, Richard Strauss und viele andere illustre Gestalten, die in diesem weitläufigen, verschnörkelten Jugendstilbau ein und aus gingen. Dieses Hotel hat seinen Glanz aus seiner Geschichte (Baujahr 1837) behalten, man fühlt sich einfach pudelwohl in den wundervollen Zimmern. Und da ist Giselle la Belle, die eben alles im Griff hat. Nein, es ist nicht das übliche Hotelfeeling, wo immer etwas fehlt, damit man sich zu Hause fühlt.

Nicht nur Freddy Mercury, dessen Statue bei jedem Wetter entschlossen Richtung Genfersee blickt, schien das Geheimnis dieses Ortes gekannt zu haben. Ja genau: It's a kind of magic …

Claude, du hast mir sehr viel gegeben, ich danke dir dafür. Gäbe es nur mehr Veranstalter und Gastgeber deines Kalibers, das Leben wäre um einiges schöner für uns Musiker und Lebenskünstler. Deine Lampe wird immer auf meinem Flügel brennen.

DIE ENERGIEBLENDER

Meine Energiekosten sind nicht merklich gesunken, seit ich die alten Glühbirnen durch Energiesparlampen ersetzt habe. Ich sehe überall dieses kalte schummrige Licht, wenn ich in Wohnungen, Häuser und Laternen blicke. Und meine teuren Sparlampen brannten kaum länger als die guten, alten Billigbirnen von früher. Der Weg zur Sondermülldeponie, wo ich die Hightechfunzeln ja entsorgen muss, rückt meine Energiebilanz auch nicht gerade ins Positive. Und diese ganze Hysterie um das bisschen Quecksilber in den Energiesparlampen ist doch übertrieben! Oder? Leider nein! Es ist noch viel schlimmer, wie der Film *Bulb Fiction* beweist.

Letzthin verfolgte ich einen erstaunlich ungeschminkten Bericht im ARD … Wie gefährlich Quecksilber ist, zeigt der Fall von Familie Laus aus Oberbayern. In ihrem Haus ist eine einzige brennende Energiesparlampe zerbrochen. Seitdem ist der kleine Sohn Max krank. »Es war im Winter, als das passiert ist«, erinnert sich Max' Vater. »Die Kinder kamen vom Schneemannbauen herein. Wir haben ihm die Mütze abgenommen und da waren Haare drin. Es ging dann so weit, dass man die Haare von Max einfach so wegziehen konnte.«

Besondere Vorsicht ist bei den Billigimporten aus China geboten, bei denen zwei Drittel der Energiesparlampen unter scheusslichsten Bedingungen produziert werden und Umwelt sowie Natur extrem belasten. Im Herbst 2012 verschwanden auch hierzulande alle alten Glühbirnen aus den

Verkaufsregalen, weil angeblich 95 % der Energie in Wärme abgeht. Ein Werk der Lobbyisten und Umweltverbände. Im Winter, beim Heizen, waren wir über die Wärme der einfachen Glühlampen dankbar. Was man hier abschöpft, muss man durch Heizen wieder ersetzen (Heat Replacement Effect). Die Kosten für Beleuchtung machen übrigens eine Zahl tief im unteren einstelligen Prozentbereich des Energiebedarfs eines privaten Haushalts aus.

Ein EU-weites Entsorgungskonzept für die zweifelhaften Leuchter gibt es. Allerdings hält sich kaum einer daran. Laut einer EU-Studie landen 80 % der Lampen auf der Mülldeponie und das Quecksilber im Trinkwasser. In Deutschland kommen Quecksilber-Abfälle in die Untertagedeponie Neurode – die grösste Sondermülldeponie der Welt. Eine Zwischenlösung und ein Endlager gibt es nicht. Wie beim Atommüll. Trotzdem: Die Energiesparlampe soll demnächst in allen Haushalten brennen. Verordnet durch die EU-Kommission in Brüssel. Das Parlament wurde nicht gefragt. Dafür sassen in der Arbeitsgruppe, die das Gesetz entworfen hat, Umweltverbände. Und Wirtschaftslobbyisten. Denn die Hersteller verdienen gut an den teuren Energiesparlampen.

»Warum sollte nicht die Lichtindustrie dasselbe machen, was die Pharma- und Bankenbranche mit der Politik gemacht hat«, fragt Wirtschaftswissenschaftler Max Otte. »Nämlich sich letztlich die Regeln selber schreiben und die Politik das Ganze abnicken lassen.« Holger Krahmer, EU-Parlamentarier, weist auf das deutliche Interesse der Industrie hin: »Wir haben in Europa bloss noch zwei maßgebliche grosse Hersteller von Glühlampen. Osram und Philips. Und natürlich sassen die da mit dabei und haben das grosse Geschäft gewittert.«

Drei Jahre lang haben Regisseur Christoph Mayr und sein Team für den Film *Bulb Fiction* recherchiert. Es kommen Wissenschaftler, EU-Vertreter und die Hersteller zu Wort. So ist ein Dokumentarfilm entstanden, bei dem sich der Zuschauer selbst ein Bild machen kann. Er zeigt, wie aus dem guten Willen, Energie zu sparen, neue gravierende Umweltprobleme entstehen. Nach 90 Minuten im Kino hat man nur noch den Wunsch, schnell heim zu fahren und alle Energiesparlampen aus der Wohnung zu verbannen. Und es bleibt das Gefühl, als Verbraucher einer Riesentäuschung aufgesessen zu sein.

Ich habe das schon immer vermutet und das komische, klinisch kalte Licht ist mir eh suspekt. Gute Beleuchtung ist wie gutes Essen – man sollte es sich gönnen. Es ist weitläufig bekannt, dass sich die Masse gern blenden und manipulieren lässt – aber nicht für ewig. Viele heutige Berufspolitiker, Besserlebenprediger und Parteisöldner werden wieder irgendwann mit tausend Ausreden verschwinden. Den Schaden tragen die, die den schönen Worthülsen glaubten und sie in ihre Ämter gewählt haben. Knallhartes, nüchternes Hinterfragen, wer eigentlich wovon und wie viel profitiert, ist Pflicht – und was denn wirklich Sinn macht: für den Planeten und uns. Gerade im Umwelt- und Energiebereich, wo sich zurzeit einiges tut und noch sehr vieles unklar ist.

PS: Neuseeland hat das Glühbirnenverbot rückgängig gemacht und eine Reihe anderer Länder wollen dies auch tun. Mit den Bestimmungen der Energieversorgung wurde hier in der Schweiz übrigens, wie in letzter Zeit immer öfter, einfach EU-Recht übernommen. Und das sind gar keine guten News!

JAHRESSCHÄTZE

Es ist erst ein paar Mal schlafen her, da reiste ich nach einem Konzert in Wales weiter nach London und stand bald in der Oxfordstreet. Hochbleigeladene Luft und kalte, weisse Weihnachtslichter stachen in meine Augen. Die Schaufenster boten das Gleiche wie die Fernsehprogramme: Die volle Dröhnung – überladen und gemütsfrei.

Ich ertrug es vielleicht eine Stunde. Dann fühlte ich mich wie ein genetztes Hirschleder und suchte Zuflucht in einem Pub namens Sherlock Holmes. Da war auch Lärm, aber eine andere Sorte. Zufrieden und freudig prostete sich der bunte Londoner Menschenmix zu. Ich nippte an meiner Pint, lauschte dazu einem alten Bob-Dylan-Song und betrachtete die gehetzten Wesen, die am Fenster vorbeiwuselten. Jedes auf seinem mir unbekannten Weg.

London ist eine Herausforderung und vielleicht gerade deshalb meine Lieblingsstadt. Trotz vielen Konfusionen und Ärgernissen hat sie mich bisher nicht satt gemacht. London hält stets eine Überraschung für mich bereit: Diesmal besuchte ich das legendäre Stadtgefängnis »The Tower«. Dort wollte ich die britischen Kronjuwelen für meine Tochter fotografieren (nicht klauen). »No pictures here«, schnauzte eine angesäuerte Uniformierte. Ich fragte, ob sie eine schlechte Nacht zu beklagen habe. Das kam nicht gut an. Zwei Beefeaters – die wohlgenährten Wächter des Towers – begleiteten mich ruhig, aber ohne Brainstorming, an die frische Luft. Als ich dann draussen vor dem Souvenirshop stand, musste ich schmunzeln und war doch irgendwie froh, nicht im 16. Jahrhundert abgeführt worden zu sein. Naja, man stelle sich vor, die von mir bewunderte Königin Anne Boleyn hätte vor ihrer Hinrichtung im Mai 1536 noch ein Selfie mit ihrem Scharfrichter verschickt ... Ich denke, dass sich eventuelle Zeitreisende von damals hier einigermassen verwirrt umsehen würden.

Zurück in der Schweiz, wanderte ich an einem goldlaubigen Nachmittag flussaufwärts. Fernab der Kaufrauschhallen und Glöckchenmusik erinnerte noch nichts an die nahende Weihnacht – bis ich an einer Christbaumplantage vorbeikam. Viele sind mit bunten Etiketten klassiert. Ihre Tage hier sind offensichtlich gezählt. Die Kleineren gehen leer aus. Sie dürfen dafür noch verweilen. Sie wachsen schlafend vor sich hin – in der Windstille einer Geländemulde. So verbiegen sie sich kaum. Zwar entwickeln sich Weihnachtsbäume robuster, wenn es ihnen zuweilen etwas frisch um die Krone luftet, aber die geraden lassen sich einfach besser schmücken und verkaufen. Ich überlege: Sind wir Menschen nicht auch bloss Weihnachtsbäume? Einige mehr, andere weniger dekoriert und wohlriechend. Manche Kinder wachsen windstill auf und bilden kerzengerade Rücken, andere hocken in der Bise fest und geraten knorrig. Dazwischen existieren alle Nuancen. Was ist das richtige Mass? »Allein die Dosis macht's, dass ein Ding kein Gift sei«, erklärte Paracelsus zwei Jahre nach Anne Boleyns Hinschied.

Während ich vor mich hin fantasiere und weihnachtsbäumige Tagträume gewähren lasse, gleiten Meter und Kilometer unter meinen Füssen durch und das Laub wirkt zunehmend dunkler und matter. Tag und Jahr vergehen.

2014 war ein Erntejahr für mich. Die Musik führte mich quer durch Europa. Ich durfte gehaltvolle Zeiten mit meiner Tochter und eine friedliche Trennung von der Partnerin auf den Malediven erleben. Ausserdem genoss ich die wundervolle Fussball-WM, einfache Tage in Kreta und die Verblüffung, dass Pop-Queen Rihanna in ein Krokus T-Shirt schlüpfte. Die Highlightparade setzt sich weiter fort: Zum meinem völlig unrunden Geburtstag erhielt ich eine Segnung von Papst Franziskus und den Ahornbaum »Bodhi«, der mir seither mit seinen spektakulären Blätterfarben die Augen wärmt. Dann waren da noch ein fantastisches Rolling Stones Konzert, die spielenden Kids vor und in meinem Haus, die eine oder andere gute Mahlzeit und eine berauschende Buchentdeckung von Frank McCourt. Wundertüte Leben, wie verwöhnst du mich! Ich schätze es auch vollstens. Meine Begeisterungsfähigkeit und Dankbarkeit sind im Laufe des Lebens gewachsen und das fühlt sich weihnachtlich gut an!

Liebe LeserInnen, es ehrt mich, von Ihnen gelesen zu werden.

Pass it on, gebt's weiter, sagen die Engländer! Das gilt nicht nur für bunte Rockdogs wie mich. Jeder von Ihnen trägt eigene Geschichten, Schätze in und mit sich herum. Reichen Sie sie weiter! Sorgen Sie für lebendige Unterhaltung – schäbige gibt's in Fülle.

ES STARB DIE ZUKUNFT

Übermorgen werde ich ohne meine Tochter für einen Monat in die USA verreisen. Nebst all der Freude, mit den Jungs da zu spielen, macht mich das auch nachdenklich. Auf so einer Reise, wo viele Meilen zurückgelegt werden, kann vieles passieren. Das haben wir selbst schon erlebt. Vom Buscrash bis zur Flugzeugnotlandung. Ich möchte mein Kind auf keinen Fall vaterlos zurücklassen. Wie würde sie diesen Einschnitt in ihr noch junges Leben verkraften? Ich will es mir gar nicht vorstellen.

Wenn man Kinder hat, bekommt der Tod eine andere Dimension. Er hat mehr Bedeutung und Gewicht. Man verliert eine gewisse Unbeschwertheit, wird vorsichtiger und nachdenklicher. Nur der Tod ist totsicher und überrascht trotzdem jeden. Genau dieser Tag könnte unser letzter sein, wer weiss es? Wir alle meinen, wir hätten viel Zeit und leben auch so, Tag für Tag. Doch plötzlich wird die Lebenskerze ausgeblasen und der Film reisst.

Ich erlebe es immer öfter – vielleicht hat es mit meinem Alter zu tun –, dass ich an ihn denke. Der Tod ist ein Teil des Lebens, auch wenn diese Tatsache bitter schmeckt. Wir müssen lernen, uns mit ihm zu arrangieren. Philosophisch ausgedrückt: Sterben lernen gehört zur Altersweisheit.

Vor vierzehn Tagen war ein Klassen-Skiausflug ins Wallis geplant – mit einem Reisebus. Als ich das vorab vernahm, hatte ich ein mulmiges Gefühl. Auf unseren Strassen wird es immer hektischer. Zu viele Autos, zu viele Baustellen und entnervte, gestresste Fahrer. Die Folgen davon verunzieren fast täglich unsere Zeitungen. Es macht mir wirklich keine Freude mehr, auf vier Rädern unterwegs zu sein – ausser, ich fahre des Nachts.

Auch meine Tochter war erstaunlicherweise nicht begeistert von diesem Ausflug und zeigte keinerlei Vorfreude. In meinem Kopf spielt sich dann ab, was sich eigentlich bei jeder Reise, die wir getrennt voneinander unternehmen, abspielt. Kommt das gut? Was spricht dafür, was dagegen? Wollen wir das überhaupt oder doch lieber nicht? Was bringt es? Es ist so eine Art gspüriges Hinterfragen. Ich verfüge nicht über einen verlässlichen Instinkt der schwerwiegende Ereignisse vorhersehen kann, aber ich nehme meine Gedanken und Bedenken ernst und thematisiere sie mit der Kindsmutter. Sie ist da ähnlich wie ich. Nicht ängstlich, aber wach- und sorgsam. Für ein paar Minuten sprachen wir diesmal auch über Carreisen, Autobahnen, und dass wir den Zug eindeutig bevorzugen würden. Aber wer ruft schon in der Schule an und sagt: Freunde, Stop! Wechselt doch bitte auf die Schiene, das ist klüger! Also ermunterten wir unser Kind, sich darauf einzulassen. Sie begab sich auf diesen Skitrip, kam heil zurück und war anschliessend eine Woche lang krank. Damit lässt sich leben.

Es gibt wohl absolut nichts Schlimmeres für Eltern, als ihre eigenen Kinder beerdigen zu müssen. Noch schlimmer ist die Vorstellung, dass sie allein, ohne die beschützende, tröstende Anwesenheit ihrer Eltern sterben müssten. Der schrecklichste Albtraum überhaupt. Würde es meine Tochter treffen, könnte ich es mir nie verzeihen, sie nicht besser geschützt zu haben. Auch wenn es absurd ist, ich hätte es doch besser wissen müssen. Mein Leben wäre ruiniert, wertlos. Ich kann und will es mir gar nicht vorstellen, was da abgehen würde. Für ein Kind, dessen Eltern sterben, stirbt die Vergangenheit. Für einen Vater, dessen Kind stirbt, stirbt die Zukunft.

Nichts bedeutet mir in meinem Leben mehr, als meine Tochter. Und ich glaube, das geht vielen Eltern und Grosseltern so. Kinder sind auch das, was wir nicht mehr sind und nie mehr sein werden – sie spiegeln uns das wahre, das lebenswerte Leben. Vieles fällt ihnen leichter, läuft spielerischer, unverkrampfter, leichtfüssiger und reiner. Sie sind nicht im Gestern hängen geblieben und fixieren sich nicht auf morgen. Kinder leben den Moment – alles andere dürfen sie noch für eine Weile uns überlassen.

Denkt man über diese Tragödie im Walliser Tunnel nach, bei der 13 Kinder in einem Reisebus starben, bleiben uns die Worte im Hals stecken – auch bei dem Flugzeugabsturz in den französischen Alpen sind wir sprachlos. Es hat keinen tieferen Sinn, es muss ein Irrtum sein, das Schicksal muss sich getäuscht haben. Selbst wenn wir es gerne anders hätten: Es waren keine höheren göttlichen Wesen zur Stelle, als diese Kinder sterben mussten. Menschen, die erst am Anfang ihres Lebens standen und vielleicht zum ersten Mal ohne Eltern ins Ausland verreist waren. Es macht traurig und raubt uns auf brutalste Weise jegliche Illusion von allgegenwärtigen Schutzengeln und zweiten Chancen.

Ich hoffe einfach, dass das Gehen all dieser vom Unheil getroffenen Kinder sich so schnell zugetragen hat, dass sie auch den ganzen Schmerz uns zurücklassen konnten. Dieser Gedanke ist für mich der einzige, winzig kleine Trost. Aber er blendet keineswegs aus, dass jeden Tag 50 000 (!)

Kinder an den direkten und indirekten Folgen von Hunger auf dieser Welt sterben. Eine absolute Schande und sicher kein Naturgesetz oder unveränderbares Schicksal! Georges Bernanos schreibt: »Gott hat keine anderen Hände als die Unseren.« Entweder wir ändern diese Welt – oder keiner tut es. Wahre Worte! Sie sollten uns nicht ohnmächtig machen.

ROM, WIR KOMMEN!

Mit der Band reise ich durch die endlosen Weiten Deutschlands. Zwischen den Städten kann man gut und gerne mal zwei Stunden durch nahezu unbewohnte, grüne Gegenden fahren. Ich schaute wehmütig aus dem Busfenster und dachte an die Zeit zurück, in der eine Fahrt durchs Mittelland auch noch anders, ruhiger, aussah und jedes Jahr eine neue, überwältigende Stones- und Beatlesscheibe auf mich wartete. Ich weiss: Nostalgie ist das Heroin der Alten. Ich gönne es mir.

Kaum zu Hause, las ich folgende Schlagzeile: »Der Jobmotor brummt – 40 000 neue Arbeitsstellen – Pharma, Baugewerbe und Uhrenindustrie schaffen wieder neue Stellen.« Die Wirtschaftsredaktorin der zitierten Zeitung frohlockte. Nachfrage, Nachfrage … Hier läuft's wie verrückt und im nahen Ausland harzt es. Da überschwemmt die Zentralbank die Münzhütten mit »künstlichem« Geld und die Zinsen nähern sich dem Minusbereich. Ich vermisse bei der Lektüre Bedenken über dieses Wachstumsdoping, das dann erst noch zu hohem Grade aus sinnlosen Verwaltungsstellen besteht. Doch anscheinend muss das so laufen. Denn die Wirtschaft schreit auf, wenn das Wort *Reduktion* fällt. Der Motor darf nicht Stottern … Also mit vollem Karacho in die unübersichtliche Kurve blochen. Mehr Ausgaben, mehr Konsum, mehr Wohlstand, mehr Nutzen, mehr von allem.

Aber wollen das wirklich alle? Wollen wir ein Little Singapur? Jobwunder auf Kosten der Lebensqualität –

Hauptsache, der Motor hat gebrummt? Ich hege Zweifel und sehe da gerade etwas verschwinden – Dinge, die auf keiner Bilanz erscheinen und mich täglich erden: Ruhe, Platz und das paradiesische Grün mit seinen Kreatürchen.

Zu meinem Glück lese ich auf der Seite drei ein paar gehaltvolle Gedanken von meinem Kolumnenkollegen Helmut Hubacher. »Die Schweiz hat einen Ausländeranteil von 23 Prozent. Sie ist nicht fremdenfeindlich.« Und: »Es ist alles eine Frage des Masses.« Ich erinnere mich der Worte, die Hermann Hesse schon vor 70 Jahren schrieb: »Die nützlichen Erfindungen und das uferlose Wachstum haben nicht nur hübsche Weltausstellungen und elegante Automobilsalons zur Folge, sondern auch Heere von Arbeitern mit blassen Gesichtern und elenden Löhnen. Es folgen ihnen Krankheiten, Verödung und Verkümmerung der Seele, Streik, Kriege und die Zerstörung der Erde.«

Ich denke, ich kann die Zeichen erkennen, die er gemeint hat. Die eine Hälfte der Welt kämpft mit Hunger, Durst, Korruption, Armut und Krieg. Milliardenbeträge landen bei Einzelpersonen und dubiosen »Hilfs-Organisationen« ohne jegliche Transparenz. Ganze Länder hängen am Tropf, während die andere Hälfte der Welt sich mittels Grössen-, Fett- und Konsumwahn erdrosselt. Es ist bezeichnend, dass das stärkste Stellenwachstum hierzulande – abgesehen vom Verwaltungsapparat – im Gesundheits- und Sozialwesen stattfindet. Dieser Lebenswandel, die Vergötterung der Habe, die Selfie-Mentalität und die Vernachlässigung der Kinder fordern ihren Tribut. Höhere Steuern, Abgaben und Krankenkassenprämien plagen uns. Und die Schweiz hat weltweit eine der höchsten Verschuldungen pro Nasenbein. Viele Jungen umgehen die

Jobs, wo man sich mit Dreckigem beschäftigen muss. An ihrer Stelle wirken willige und billige ausländische Arbeitskräfte. Alte werden frühzeitig aussortiert.

Die Jungfüchse nehmen es, scheint mir, lockerer – das ist ihr Recht und irgendwie ein schöner Vorteil der Jugend. Man sieht die Gefahren erst gar nicht und läuft schier traumtänzerisch durchs Mienenfeld. Das Tanzen auf dem Vulkan hat auch seinen Reiz. So lange alles recht geschmeidig läuft und die Regale voll sind, sorgen sich nur die endogenen Schwerenöter. Wir älteren Routiniers sollten es jedoch besser wissen und vor allem weiser handhaben.

Letzthin vertrat eine adrette Soziologin die These, dass diese ganze Entwicklung völlig normal verlaufe – analog zum alten, untergegangenen Rom: Wachsende Staatsausgaben, implizierte Staatsschulden, explodierendes Beamtentum und Bürokratie, so sprach sie. Dann folge die zunehmende Gebühren- und Steuerbelastung, eine sinkende Geburtenrate, fortschreitende Überfremdung und zunehmende Kriminalität. Wankende Sozialwerke, überforderte Infrastrukturen, politische Feuerwehrübungen, diffuse Führung, Filz und globaler Gigantismus. Dann der Verfall von Bildung, Ethik und Moral und der Rückzug der Edlen und Weisen aus dem öffentlichen Leben.

»Natürlich können wir in den Lauf der Welt nur beschränkt eingreifen, Mylady, aber wir können doch etwas Gegensteuer geben«, entgegnete ich. Sie lächelte mich mitleidig an. In ihren Augen las ich: »Dream on, Chrisibär, die Geschichte wird sich, wie immer, wiederholen.«

Die Überzeugung, ihr da gross zu widersprechen, fehlte mir. Klar, ich probiere dieser Wohlstandsnarkose immer wieder zu entkommen. Zuweilen glaube ich, es gelinge und ich sprenge lustvoll die Konsum- und Stressketten. An anderen Tagen trotte ich wieder fröhlich singend und pfeifend dem Bigger Bang entgegen. Naja, Brot und Spiele gehörten auch zum alten Rom ... Steht das Bier schon kalt? Nein, das andere – dieses mag ich nicht. Wer kickt denn heute am brodelnden Zuckerhut für uns? Aber bitte nicht auf dem Schweizer Gähn-TV-Kanal!

STRUPPELPETER FOR PRESIDENT!

Ich erinnere mich haargenau: Das Buch war aus dickem Karton, mit gelbem Hintergrund. Darauf abgebildet der Protagonist – ein komischer Bub mit rotem Hemd, überlangen Fingernägeln und unglaublichem Haarschopf. Struwwelpeter. Und ich sollte ihn nicht mögen, denn er ist ein unfolgsamer Querschläger.

Nun, die erzieherische Absicht dieses literarischen Werkes hat bei mir voll fehlgeschlagen. Der Wuschelkopf des Peterli gefiel mir. So einer gab meiner Erfahrung nach Wärme und man konnte sich unter anständigen Fransen bei Bedarf ein bisschen zurückziehen – zum Beispiel vor lästigen Tantenblicken, die einen nach Wachstum, Backenfarbe und Fettanteil beurteilen wollten. Und böse fand ich Struppelpesche schon gar nicht, warum auch? Er war doch im Grunde ein Armer, denn mit diesen Klauen blieb ihm vermutlich fast alles Spassige verwehrt. Ein Legohaus bauen, Ballspielen oder Büechli schauen musste für ihn unmöglich sein. Okay, ein bisschen gruusig fand ich seine schlangenartig gewundenen Fingernägel schon, aber mein Mitgefühl war stärker. Somit wurde die Entwicklung meiner empathischen Fähigkeiten wohl durch diese Geschichte mehr gefördert als meine Ader für Gehorsamkeit.

Bis zum heutigen Tag halte ich mich von organisierten Personengruppen, Vereinen, Parteien und weiteren Gleichschrittmachern fern. Ich habe Mühe mit Hierarchien, Standesdünkel und dem Mitläufertum. Letzteres ist für mich sogar gemeingefährlich. Alle die abgedrehten Menschenmänner (Entschuldigung, aber es handelt sich halt mehrheitlich um das testosteronreichere Geschlecht), die hilflose Menschen in Gaskammern getrieben oder im Vietnam mausarmen Bauern ihre Hütten abgefackelt haben, das waren äusserst folgsame Personen. Sie haben sich durch ihre Bereitschaft, sich unterzuordnen und auf Geheiss irgendeines Schreihalses blind loszurennen, hochgearbeitet. Vom Hörensagen haben sie gelernt, dass es einen Feind gibt, der die Absicht hegt, sie um die Ecke zu bringen, falls sie ihm nicht zuvorkommen. Und gehört hat man es von Leuten, die wahnsinnig Bescheid wissen. Als kleiner Outsider hat man schliesslich keine Ahnung, was Sache ist. Das mit den Feinden und den Spionagediensten ist ja eine hochgeheime, unter Eingeweihten abgekartete und spannende Materie, die nur den ganz Grossen mit den meisten Schulterstreifen bekannt ist. Was bleibt also dem kleinen Mann anderes, als zuzuhören?

Erst hat Mutti gesagt, was zu tun ist. Dann die Lehrerschaft, der Pfadileiter, die irdischen Vertreter vom lieben Gott und später eben die unifomierten Leitfiguren mit dem selbstsicheren Auftreten, den tiefgefrorenen Blicken und entschlossen vorgetragenen Instruktionen. Einer allein kann unmöglich Krieg anzetteln, wenn ihm alle den Vogel zeigen und davonlaufen. Wer bereitwillig einsteigt, der hat entweder keine Zukunft, wenig Wissen oder offensichtlich keine Möglichkeiten, sein Leben sinnvoller zu gestalten. Sprengt er 100 Menschen und sich selbst in die Luft, warten 10 Jungfrauen im Jenseits. Stürzt er sich tollkühn in einen Kugelhagel, winken Ruhm und Ehr von der ganzen Sippe. Natürlich ist dies eine vereinfachte Erklärung der Sachlage, aber im Kern wahr und traurig, wir müssen nur schauen, was in dieser Welt jeden Tag passiert.

Satire sei die Überzeichnung der Wahrheit bis zur Kenntlichkeit, habe ich mal irgendwo gelesen. Seitdem habe ich keine Skrupel mehr, ab und zu richtig reinzuhauen in der Schilderung dessen, was mein unbedarftes Auge beobachtet und mein begrenztes Menschenhirn denkt. Habe ich früher ganz verstohlen mit unpopulären Gedanken Jo-Jo gespielt, so kicke ich sie heute recht ungeniert ins Spielfeld und verfolge gespannt den Effekt.

Erinnern Sie sich an das Märchen *Des Kaisers neue Kleider*? Manchmal muss einfach ein ungezogenes Gör herausposaunen, dass der wichtigste Mann im Umzug füdliblutt ist. Erst dann ist sich auch der Rest sicher, dass er nicht von den eigenen Augen angelogen wird. Wer ergeben nickt, schränkt sich nicht nur selber ein – er fördert Unrecht und Regententum mit Fleiss! Und zusammen mit anderen bildet man dann die Lölimasse, die ganz praktisch zum Anfeuern benutzt werden kann.

Erst wenn irgend ein Struppelpeter sich den Anweisungen widersetzt hat, haben wir die Wahl. Er öffnet uns die Tore zur Unabhängigkeit. Ohne die widerspenstigen Bengel von einst wären nicht einmal die Legenden und Mythen der Musketiere, von Robin Hood oder Wilhelm Tell erfunden worden und wir würden immer noch in gebückter Haltung den Zehnten im Geldsäckel abliefern und mit Beinschinken zum Pfarrer oder Dorfschullehrer laufen. So ist das.

Fürchten müssen wir uns nur vor den manipulierten Gleichstromstrampler, Moralisten und religiösen Fanatikern in dieser Welt – sicher nicht vor den rebellischen Kids mit angeblichem Fehlverhalten.

TRINKE WEIN IM VOLLMONDSCHEIN

Laut Statistiken und Umfragen wohne ich im unglücklichsten Kanton der Schweiz. Genau deswegen bin ich wohl Rockmusiker geworden. Das war mein Gegenentwurf zur nebligen Provinz-Tristesse.

Doch heute gilt mein Loblied nicht der Musik, die mich über manches Tief getröstet und mit dem Himmel verbunden hat, sondern dem Wein. Genau, jenem Götternektar, den es bereits seit 5000 v. Chr. gibt. Oh, wie liebe ich diesen roten Tropfen. Freude und Trost zugleich.

Schon als Kind reizte mich der Rebensaft – wie vieles, das mir verboten und vorenthalten wurde. Neidisch bewunderte ich die Erwachsenen mit ihren grossartig geschwungenen Gläsern und wie sie sich diesen Zaubertrank einschenkten. Nachts schlich ich hie und da in den Keller, in dem meine Eltern einen wunderschönen kleinen Weinraum eingerichtet hatten. Ich nahm die Flaschen scheu und behutsam aus ihren Tonröhren, denn ich wusste, dass man sie nicht zu sehr bewegen durfte. So bestaunte ich die edlen Etiketten der Flaschen. Einige waren älter als ich – viel älter. Und sie hatten eine Geschichte. Dagegen schien meine Bierdeckelsammlung ein Süsswasserabenteuer mit beschränktem Phantasiepotenzial zu sein.

In meiner Studentenzeit in Neuenburg begann ich den roten Saft definitiv zu schätzen. Das hatte auch mit der Pflanze, der Frucht selbst zu tun. Für mich gehören Trauben zu den sinnlichsten Früchten überhaupt. Oft wanderte ich stundenlang in den nahe liegenden Rebbergen entlang und sprach mit einem Winzer. Sein Standardspruch lautete: »Der Wein gilt als Sorgenbrecher, doch lediglich für frohe Zecher, denn wer ihn baut und will verkaufen, kann öfter sich die Haare raufen!« Heute denke ich, dass Rebenzucht und Musik viele Gemeinsamkeiten haben. Nur wer sie hegt und pflegt, sich lange mit ihnen befasst, durch Höhen und Tiefen geht, bekommt am Schluss etwas Wohlbekömmliches und Abgerundetes. Im Wein und in der Musik liegt Wahrheit. Und Reife lässt sich nicht beimischen.

Kürzlich hatte ich das Glück, in den Ferien von einem sehr jungen und gerade deswegen faszinierenden Weinkellner umsorgt zu werden. Ich stellte ihm eine winzige Frage und sah, wie sich sein Gesicht erhellte, als er zu erzählen begann. Er war keiner dieser Sorte, die zu müde scheinen, auf Fragen des Gastes einzugehen. Und ohne Zweifel hatte ich an seiner Leidenschaft gekitzelt. Er müsse sich damit abfinden, dass er dem Wein nicht gerecht werden könne, meinte er. Denn ein erlesener Roter, der unmittelbar vor dem Essen ausgewählt und geöffnet werde, habe kaum eine Chance auf den Grossauftritt. Es sei im Grunde eine Schande, einen gut gehegten und monate- oder jahrelang gelagerten Göttertrunk zu konsumieren, ohne dass er die Zeit bekomme, sein Feuerwerk zu entfalten. Am liebsten, sagte der Goldjunge, würde er bereits beim Frühstück die Weinbestellungen für den Abend aufnehmen, um die Flaschen vorher zu öffnen und zu dekantieren. Aber das sei nirgends üblich und vermutlich würden die Gäste ihre Köpfe schütteln. Er aber könnte so seine Sache erst richtig gut machen und hinter dem stehen, was er tue.

Faszinierend finde ich auch die Farben des Rotweins. Je nach Lichteinfall wirken seine Nuancen ganz unterschiedlich. Ich bin ein Farbenmensch. Ach, was sage ich … Farben, Düfte, Licht und Geschmäcker … diese Genüsse vermögen mich alle in Euphorie zu versetzen. Wenn ich Wein koste, studiere ich zuerst seine Farbe. Damit fängt der Zauber an. Da präsentieren sich Tausende von rot-violetten Tönen in voller, einmaliger Pracht. Ein guter Tropfen hat meist auch eine faszinierende Farbe, egal ob im hellen oder dunklen Bereich.

An Spitzenweinen bin ich weniger interessiert, jene, die den Trinker schmücken wie die Rolex den Palastbewohner. Klar gibt's unglaubliche Bordeauxweine, aber an die komme ich selten heran. Mein selig machendes Bettmümpfeli kann gerne aus dem Discounter stammen und ein gelbes Nötli und 3 Fränkli kosten. Besonders mag ich Rioja, Merlot und Cabernet Sauvignon, degustiere aber gern quer durch die Sorten, um einen neuen Geschmack zu entdecken. So stiess ich auf den Zinfandlwein, auch Primitivo genannt. Auch das weibliche Geschlecht lässt sich gut dafür begeistern – und Frauen haben ja bekanntlich eine feine Zunge. Er fühlt sich leicht an und hat trotzdem Gewicht, plus diesem typischen fruchtigen Zimt-Nelken-Schwarzer-Pfeffer-Aroma dunkler Waldfrüchte … Er hat keine Säure und raubt mir keine Lebensgeister. Nach ein paar abendlichen Gläsern stehe ich bei Sonnenaufgang auf und sage: »Der Tag kann kommen und der Weinlieferant auch.«

Übrigens meine Lieblingsweinworte sind von Omar Khayyâm, einem persischen Astronomen, Philosophen und Dichter:

»Da niemand ein Pfandrecht hat aufs Morgen,
erfreue dieses ruhelose Herz: Trinke Wein
im Vollmondschein, denn der Mond,
Liebste, wird noch lange wiederkehren
und uns nicht finden.«

»Heiter zu sein und Wein zu trinken, ist meine Regel,
frei zu sein von Glauben und Unglauben meine Religion:
Ich fragte die Braut des Schicksals, was ihre Mitgift sei:
›Dein frohes Herz‹, antwortete sie.«

THERAPIE IM STUNDENHOTEL

Sind Sie schon in Therapie oder studieren Sie daran herum? Falls es sich um Physio handelt, dann zögern Sie nicht. Erweitern Sie die Sitzungen am besten gleich um einen lauschigen Spaziergang, etwas Pilates und eine Einkehr im Lieblingskaffee. Dort plaudern Sie gemütlich etwas am runden oder eckigen Tisch, bevor Sie sich wieder ausgelüftet auf den Heimweg und an die hoffentlich ein klein bisschen geliebte Arbeit machen. Sollten Sie aber damit liebäugeln, aus reiner Seelennot eine Sitzung bei einem Therapeuten zu buchen, dann überlegen Sie es sich gut – es gibt auch da, wie überall, Profis und Blender. Es könnte sein, dass Sie danach ausser einem Verlust im Portemonnaie noch andere Nebenwirkungen zu verschmerzen haben.

Ich gehöre nicht mehr zum jungen Gemüse. Das merke ich auch an meinem Umfeld. Mit der Zeit sind im Freundeskreis alle ein bisschen ernüchterter und geschiedener. Die Kinder und die Luft sind in manchen Familien draussen und er oder sie verspüren urplötzlich eine gewisse Abenteuerlust. So nehmen die Dramen ihren Lauf: Der besinnlichere und ruhigere Teil im Familycockpit muss zur Kenntnis nehmen, dass der andere in fremden Laken wühlt oder bereits aktiv mit der Gründung einer weiteren Familie begonnen hat. Ausgerechnet der liebste Mensch hintergeht einen! Derjenige, mit dem du für ein Stück Ewigkeit Tisch und Bett geteilt hast. Dieser vermeintlich zweite Flügel, für den viele im Brandfall splitternackt mit Skischuhen an den Füssen durchs ganze Land gerannt wären. Das schmerzt. Der vertraute Boden rutscht dir unter den Füssen weg und du fühlst dich wie ein Stück Fleisch mit abgelaufenem Verfallsdatum.

So erging es einigen Frauen meines Bekanntenkreises. Obwohl sie allesamt lebenstüchtig sind, Kinder erzogen, ein Haus in Schuss gehalten und noch ein gutes Brot dazuverdient hatten, wurden sie abrupt schachmatt gesetzt. Es war, als ob ihnen jemand die Batterien rausgenommen hätte. Nerven weg, Kraft weg, das Lachen eingefroren. Diese lebenstüchtigen Frauen, die sich ihrer Verantwortung stets stellten, wussten, dass sie diesem Schmerz schleunigst beizukommen hatten. Denn es wartete ein Leben als Alleinerziehende und die Kinder brauchten in dieser schwierigen Zeit alles andere als ein leckgeschlagenes Boot. Aus diesem Elend heraus glaubten sie, eine Therapie sei angebracht. Diese würde sicher helfen, den Schmerz zu überwinden und geistig-seelisches Wachstum zu fördern. Man konnte auf diesem Weg vielleicht herausfinden, warum der Partner einen nicht mehr so liebenswert fand und einfach wegging. Die Frauen wollten sich reflektieren, das eigene unzulängliche Wesen hinterfragen. Sie wünschten sich ein offenes Ohr, Trost und insgeheim etwas Nestwärme bei Menschen, die sie verstanden und nicht auf ihnen herumhackten. Und das fanden sie.

In einer östlich gelegenen Stadt an der Aare gibt es einen Homöopathen, der sich einen grossen Kundinnenkreis aufgebaut hat. Er hört geduldig zu und versucht, mit »Nützt's-nüt-so-schadt's-nüt-Medikamenten« unterstützend auf die Seele einzuwirken. Mit Erfolg! Denn das Vorgehen führte dazu, dass er diese Frauen mit der Zeit nicht nur in seiner Praxis empfing, sondern auch in Hotelsuiten oder bei sich daheim. Wenn er des Abends einsam war, konnte er ganz vertrauensvoll eine SMS verschicken mit dem Text »Zeit und Lust?«, und er bekam Gesellschaft. Da er mit seiner Ehefrau nicht unter einem Dach wohnte und ihr in weiser Voraussicht auch keinen Wohnungsschlüssel ausgehändigt hatte, bestand null Risiko, dabei gestört zu werden. Den Frauen allerdings ging es nach einer kurzfristigen Erstverbesserung schlechter als zuvor. Erneut fühlten sie sich verraten, gedemütigt und ausgebeutet. Der zweite Hammer schlug fast noch heftiger auf sie nieder als der erste. Denn er zementierte das vernichtende Gefühl, nur Gebrauchsware zweiter Klasse zu sein. Sie fühlten sich als Tierfutter auf den Markt gestellt, ein Schild um den Hals mit der Aufschrift: »Für kleine Hunde mit grossen Ansprüchen.«

Die Frauen hatten gar keine Störungen, die therapiert werden müssten. Herz und Verstand waren kerngesund. Sie hatten bloss Pech gehabt und im Laufe ihres Lebens – wie die meisten von uns – herbe Enttäuschungen oder Schicksalsschläge erlitten. Das bedeutet mitnichten, dass an ihnen etwas falsch ist. Sie hätten bloss Freunde gebraucht mit offenen Ohren und Armen, genug Zeit zum Schimpfen und zum Trauern – die normale menschliche Reaktion auf solche Widrigkeiten. Damit wäre auch irgendwann der Glaube an sich selber wieder hergestellt.

Die Frage ist nun, welche Therapie wir dem Kuscheltherapeuten verpassen? Ob eine Woche Kläpfmaschine wohl reicht?

NAH- UND FERNSEHEN

Es war das historisch knappste Abstimmungsergebnis aller Zeiten. Die Schweizerische Radio- und Fernsehgesellschaft SRG war das grosse Thema. Die Frage lautete: Welches Gebührenmodell wollt ihr? Über Gebühren lassen wir Eidgenossen ja mit uns reden, aber beim Wort Steuer, da verlieren wir die Beisshemmung – auch die dem staatlichen öffentlichen Service gegenüber. Und das Wort Steuer ist gefallen. Man befürchtet, die Zuschauer und Zuhörer entschwänden langsam ins Netz oder sind nicht mehr fassbar – also bindet man diese neue Steuer an Haushalte und Unternehmen, egal ob konsumiert wird oder nicht. Eine sehr clevere Strategie. Dazu köderte man den Wähler mit einer 60-fränkigen Verbilligung pro Jahr, wobei wir eigentlich wissen sollten, dass Steuern langfristig nur in eine Richtung gehen: nach oben.

Ich begebe mich ins Überlaufbecken dieser Diskussion und gestehe, dass ich ein Spätzünder bin in Sachen Television. Vielleicht habe ich nie gezündet, denn ich vergesse wochenlang, das Gerät zu berücksichtigen. Als Kind habe ich die Aussenschauplätze der Welt lesend erkundet. Viele Ereignisse, das Grauen des Nationalsozialismus und andere menschliche Abstiegsrunden, wurden mir mittels gedruckter Medien nähergebracht. Besuchte ich mit den Eltern Bekannte mit Fernseherbesitz, starrte ich fasziniert auf den Bildschirm. Da zeigten sie einen richtigen Stierkampf, der damals vermutlich unter dem Thema »Ferne

Länder und Kulturen« in voller Länge ausgestrahlt wurde. Das Gesehene hat sich in meine Seele gefressen. Ich war nachhaltig schockiert von dieser Barbarei der Spanier.

Später gab's im Elternhaus ein Fernsehgerät und ich stellte fest, dass sich telefonierende Menschen in amerikanischen Filmen nie voneinander verabschieden. Die hängen einfach auf – furchtbar unhöflich, die Amis! Bei uns bedeutet das Krieg. Erst später kam mir der Gedanke, dass Grussworte zu irrelevant sind für die Geschichte und bloss teure Sendesekunden verbrauchen.

Als ich Ende letzten Jahres versehentlich in die Sendung *Die Bachelorette* zappte, fragte ich mich, ob die Sendesekunden unterdessen billiger geworden sind und ob diese Realsatire als Trashsendung zu betrachten sei. Da ich eine Affinität zur Satire habe, sah ich ein bisschen weiter und erkannte darin meine Kätzin Mizibuzzi selig, die sich jeweils Anfang des Jahres im Garten rollte und kläglich schrie, bis sie den stolzen, weiss bepfoteten Schlomo vom Waldquartier und ein paar weitere, neidisch herumschleichende Freier zur Begattung mobilisiert hatte … Item. Ich hatte mich also für ein paar Minuten seicht unterhalten, bis mir die Frage durch den Kopf schoss, ob ich damit einverstanden bin, auch nur mit einem Mini-Obolus solche Schundsendungen vom Privat-TV zu unterstützen.

Ich bezahle ja für viel Abartiges, für den ausartenden Sauglattismus des Lehrplans 21, fragwürdige Entwicklungshilfe, die achtlos versandet, für ein überflüssiges Regulationsmonster, das KMU's bis aufs Blut schikaniert und Milliarden von deren Gewinn wegfrisst. Aber bei der zwangsgelieferten Information und Unterhaltung werde ich kritischer.

Die SRG ist kein kleiner Tschuttiverein, sondern eine für dieses Ländchen kolossartige Monopol-Organisation mit 6000 Angestellten und 1,7 Milliarden Franken Jahresumsatz. Drei Viertel davon, 1,2 Milliarden, bezahlt der Bürger, damit er empfangen darf, was die 24 (!) TV-und Radiosender der SRG produzieren. Die Verantwortlichen studieren immer noch, wie man das enge Votum zu dieser Zwangssteuer deuten soll. Ich will euch helfen: Ein Grossteil der Kunden in diesem Land findet schlicht, dass wir für das, was wir geboten bekommen, zu viel bezahlen und keine freie Wahl mehr haben.

Dazu erleben viele unser Fernsehen und Radio als viel zu mächtig und zu wenig staatskritisch – man beisst bekanntlich nicht die Hand, die einen füttert. Die Affiche »politisch und wirtschaftlich unabhängig und unparteiisch« ist leider nur zu selten wahr, auch nicht gegenüber Werbekunden.

In jedem Unternehmen, das sich selbst und seine Kundschaft ernst nimmt, existiert übrigens auch eine ernsthafte Feedbackkultur. Bestellt man etwas bei Zalando, dann wollen die umgehend wissen, ob man zufrieden ist mit ihnen und der Ware. Kritisiere ich den Sportsender Sport 1, bekomme ich innerhalb 24 Stunden sachliche Antworten auf meine Einwände. Für den Service Public bekam ich bisher bloss die Billag-Rechnung und auf Kritik nicht einmal eine Antwort. Wird sich etwas ändern? Vorerst sicher nicht. Der Leidensdruck ist zu klein, die Selbstgerechtigkeit zu gross und das Geld ist ja da.

Übrigens, das Gros der Restgucker, das sich mittlerweile nicht selbst im Netz informiert, sei meist Allesfresser, sagt man mir. Es wolle abends nach der Arbeit vor dem

Rechteck sitzen und die Augen darauf richten, ohne viel zu überlegen. Egal, was gespielt wird, ob man den Anfang oder den Schluss der Sendung (oder des Filmes) mitbekommt und die Zusammenhänge versteht oder nicht. Fernsehen ist Selbstzweck, man will das Hirn ab- und nicht unbedingt einschalten, nicht gezielt auswählen, was einen bereichert. Gut gemachte Sendungen, wie *Sternstunde Philosophie*, *Einstein* oder *Arena* haben es ironischer Weise sogar schwerer, denn sie bringen, was vielen die Gedankenlosigkeit vermiest.

So kann ich es mir erklären, dass bis zu dieser Abstimmung kein Aufbegehren stattgefunden hat. Denn dafür hätte man sich am Feierabend Gedanken machen und aufregen müssen. Zum Beispiel über die schwachsinnige Darstellung rolliger Miezen oder oberflächliche, überflüssige Talkrunden, die einen ratlos zurücklassen mit der Frage, wie doof wir wirklich sind.

Ich bin ein Mensch, dem das Abschalten schlecht gelingt – ausser beim Fernsehen und Radio. Ich sehe, denke, grüble und träume noch im Schlaf davon und gehöre damit wohl einer Randgruppe an. Aber wenn wir jetzt eine Steuer haben, die das Volk noch vor dem gemütlichen Teil des Tages, beim Bezahlen der Rechnungen verärgert und aufmischelt, dann komme ich vom Rand weg. Fass, Lumpi!

PS: Der Vollständigkeit halber sei hier erwähnt, dass ich selbst vier Jahre Fernsehen gemacht habe. Ich probiere, etwas Schwung in die Bude zu bringen. Das gelang als Musikjuror und Talkpartner ganz gut, als »Late-Nighter« weniger. Ich merkte, wie abhängig der Einzelne vom Team, vom Produzenten und von politischen Faktoren ist und welche eine Grundstimmung am Arbeitsplatz im Leutschenbach, genannt »die Anstalt«, herrscht. Ein Klima der Verunsicherung, der Missgunst und der Angst, Fehler zu machen. Nicht unbedingt der Ort, Kreatives und Grosses zu vollbringen und sich selbst zu bleiben. Es ist und bleibt halt ein Staatsbetrieb. Und das schüttelt niemand aus den Kleidern.

FITALIN

Wir Schweizer trinken neun Kilo Rohkaffee pro Jahr oder rund 1500 Tassen. Dieses braune Powerpulver ermöglicht es uns, rasch wach zu werden und nach dem Essen auf die Siesta zu verzichten. Wir sind schliesslich ein diszipliniert arbeitendes Volk, das sich keine solchen Hänger leistet.

Doch Koffein allein reicht nicht aus, um uns durch die Life-Work-Dröhnung zu schieben. Denn jeder Vierte saugt hierzulande an durchschnittlich vierzehn Zigaretten pro Tag und jeder Achte leert sich in gesundheitsschädigender Weise Alkohol ins Gesicht. Zudem wird rund jeder fünfte Schweizer im Laufe seines Lebens von Schwermut ergriffen und muss sich medikamentös therapieren lassen. Auch das Einwerfen von Schlafmitteln scheint recht populär zu sein.

Wo bleibt eigentlich die Skandal-Schlagzeile, dass die hiesige Bevölkerung ein einziger Suchthaufen ist, der das Leben nur noch mit fragwürdigen Hilfsmitteln gebacken kriegt? Es wird gesoffen, gepafft und Pillen geschluckt. Und das scheint niemanden gross aufzuregen – ausser, es betrifft unsere Kinder. Die dürfen ja nicht im gleichen Fahrwasser treiben.

In den letzten Jahren häuften sich die Schreckensmeldungen darüber, dass Schüler, sobald sie etwas lebendiger seien, eine chemische Vollbremsung verpasst bekämen. Offenbar sei die Schule nicht mehr in der Lage, Kindern mit speziellen Bedürfnissen zu entsprechen. Von gleichmachender Leistungsgesellschaft und mangelnder Toleranz ist die Rede und dass die Medikamente Ritalin und Concerta (die zeitverzögert einfahrende Variante) scheinbar verteilt werden wie Pausenäpfel. So wurde kürzlich die Leserschaft einer grossen Tageszeitung um ihre Meinung gebeten. Das Gros war der Ansicht, dass viel zu oft Ritalin verschrieben wird. Doch wie können die das überhaupt wissen? Die meisten dieser Leser haben vermutlich wenig mit Schülern oder Auszubildenden zu tun und können kaum eine Ahnung davon haben, wie viele davon Ritalin schlucken. Ich jedenfalls fühlte mich nicht kompetent genug für eine fundierte Beurteilung und forschte nach Tatsachen. Haben die in den Schulen etwa Grosspackungen dieser psychomotorischen Droge im Sanitätskasten oder wie muss ich mir das vorstellen?

Ich wollte wissen, was Sache ist, und sprach unter anderem auch mit einer Lehrerin, die sich seit über 20 Jahren mitten im Geschehen befindet. Sie hatte während ihrer Laufbahn rund 300 SchülerInnen in ihrer Obhut. Davon hätten genau zwei Kinder Ritalin verschrieben bekommen und eingenommen, erzählt sie. Ein Mädchen und ein Bube. Bei einem weiteren Jungen habe sie vergeblich darum gekämpft, dass er es erhalte, denn die Eltern hätten sich dagegengestemmt. Die ganze Negativpresse habe sie abgeschreckt. Sie wollten nicht zu denen gehören, die Kinder scheintot machen.

Der Leidensdruck und die Verantwortung für dieses Kind sei eine Last gewesen, denn es habe sich dauernd verletzt und unberechenbar verhalten. Sie habe zwei Jahre lang auf einem Nadelkissen gesessen. Der Junge selber habe sich der Schulsozialarbeiterin anvertraut, dass er sehr gerne diese beruhigende Tablette schlucken würde, denn er sei unbeliebt in der Klasse wegen seiner explosiven Art. Und nein, grinste die Lehrerin, da seien keine Pillenvorräte zugänglich. Der Weg führe über den Kinderarzt und meist zusätzlich über den Kinder- und Jugendpsychiatrischen Dienst.

Ich bin weiss Gott kein Medikamenten-Freak, aber dieser Ritalin-Aufschrei kommt mir scheinheilig vor. Mam und Dad dopen und therapieren sich, um ihren Alltag zu bewältigen, im Kühlschrank liegt Red Bull und anderes, aber dem Nachwuchs wird in Ausnahmefällen das Recht auf Unterstützung und Lebenshilfe abgesprochen oder ausgeredet. Die Grossen hängen heute permanent an der Smartphonschen Mutterbrust, ohne die sich viele verloren und einsam fühlen. Das Kind hingegen soll den Tag mit dem Betreuungspersonal der Kita und des Mittagstisches überstehen. Und die Lehrperson kümmert sich ja auch bestens um es. Während Mama und Papa dann nachts im grossen Bett bei menschlicher Nähe schlummern, muss das Kind mit seinen Plüschtieren vorliebnehmen. Wollen wir uns nicht eingestehen, dass unser Leben hier zu einem Zivilisationswahnsinn mutiert ist, der seine Auswüchse bei grossen und kleinen Menschen zeigt?

Auch vorsichtige Fachkräfte betonen, dass eine rechtzeitige Abgabe von Ritalin das Schlittern auf der Versagens- und Abwärtsspirale stoppen kann. Hyperaktive Jugendliche flüchten aus Frust viel häufiger in einen Drogenkonsum als »ruhig-besonnene Normalos«. Mit zunehmendem Alter lässt man die Betroffenen selber beurteilen, an welchen Tagen sie die medikamentöse Unterstützung in Anspruch nehmen wollen und wann sie ohne zurecht kommen können.

Uff, meine Schulter schmerzt vom vielen Schreiben … jetzt mal eine Tasse Kaffee … oder doch lieber ein Glas Roten zur Entspannung …?

WELCOME TO AMERIKA

Wussten Sie's? Die Schweiz hat 170 McDonalds und 59 Starbucks-Filialen. Dem stehen 1110 Museen gegenüber! Nicht schlecht oder?

Ich sass gerade im Flugzeug nach Amerika, als ich das las. Und wie verhält sich das wohl in den verunreinigten Staaten? Mehr dazu am Ende dieses Reiseberichts.

Ich musste mich erst wieder an die unendliche Grösse dieses Landes gewöhnen – phasenweise kommt man nicht aus dem Staunen heraus. Im Guten wie im Absurden. So hängen in fast jedem dieser oft gleichförmigen, langweiligen Restaurants mindestens zehn Fernseher, oft einer pro Tisch, und das nicht nur in Las Vegas. Lichter brennen rund um die Uhr und die viel zu kühl eingestellten Airconditions sind allgegenwärtig. Das Wort *Energiewende* können die Amis nicht einmal buchstabieren. Wie in allen grossen Ländern leben in den USA extrem viele übergewichtige Menschen und es existieren kaum Trottoirs. Viele verbringen mehr Zeit im Auto als sonst wo. Auch die Todesstrafe halte ich für unmenschlich. Und es gibt zahlreiche gescheiterte, mittellose Menschen in Amerika. Da ich in Los Angeles viel zu Fuss unterwegs war, bin ich ihnen oft begegnet und konnte nicht immer vorbeilaufen. Ich hörte mir ihre Schicksale an, gab etwas von meinem Überfluss ab und staunte, wie wenig sie sich beklagten.

Trotz viel Grenzwertigem fühlt man sich hier willkommen. Dann der Klang! Das geniale Radio wird hier von

Freaks für Freaks gemacht – mit grosser Leidenschaft. Es läuft keine gleichgeschaltete, schöngebürstete Büromusik. Doch jedes Land hat das Radio, das zu ihm passt. Sofort stellt sich ein komplett anderes Gefühl ein. Ich fragte mich, warum dieselben Songs in Amerika anders tönen als bei uns. Ein Musikerfreund sagte es treffend: Es sei wie beim Pastis. Der schmeckt in Frankreich toll, und wenn man ihn in der Schweiz trinkt, ist es nur ein Anisgetränk. Ja, der Rock 'n' Roll gehört wirklich zu Amerika.

Ich höre ja in der Schweiz häufig den Vorwurf, die Amis seien oberflächlich. So? Das Gegenteil von oberflächlich ist tief. Aber die Tiefe fehlt mir hier nicht minder. Unter wirklicher Tiefe verstehe ich nicht angelesenes, intellektuelles Mainstreamwissen, das als kollektive Lebensweisheiten wiedergekäut wird. Das macht für mich das Wesen eines Menschen eher langweilig und stimuliert mich nicht. Manche Europäer, die geschichtsbewandert und belesen sind und halb Wikipedia auswendig vortragen können, sind zwar beeindruckend in ihrem enzyklopädischen Speichervermögen. Menschlich finde ich sie oft totale Krücken und unfreundliche Ekel, arrogant und unfähig, etwas zum Wohlbefinden und zur seelischen Bereicherung des Mitmenschen beizutragen. Mit anderen Worten: Ich bekomme mein Essen lieber von jemandem serviert, der es mir in liebevoller Weise auf der verkehrten Seite serviert, als von einem totgeschulten Business-Dummy. Und ehrlich gesagt, suche ich auch nicht mit jedem Menschen, der mir in meinem Leben beegnet, den vertieften Seelenkontakt.

Wir fitten Schweizer haben nebst unserem Fleiss unzählige, von der ganzen Welt bewunderte Tugenden, ich weiss! Trotzdem können wir ein paar Dinge dazulernen –

auch von den Amerikanern: Sich nicht unter Wert zu verkaufen, zum Beispiel. Gastfreundschaft und Hilfsbereitschaft. Misserfolge als Chance zu sehen, an etwas dran zu bleiben, nach vorne zu schauen – auch, wenn man am Boden ist. Und nicht ständig mit grossem Gejammer den Staat als Mutterbrust und für alles Verantwortlichen zu sehen. »Frag dich nicht, was dein Land für dich tun kann, sondern was du für dein Land tun kannst« ist ein Zitat von John F. Kennedy. Okay, man kann diese Aussage sehr verschieden interpretieren. Ich würde viel lieber etwas für den real existierenden Mitmenschen tun wollen, als für das abstrakte Gebilde Staat.

Amerika ist immer noch das Land der unbegrenzten Möglichkeiten, fast alles scheint möglich zu sein, aber es wird komplizierter. Ich empfehle jedem Menschen, dem es in der Schweiz zu eng wird und der etwas Inspiration in seinem Leben braucht, sich selbst ein Bild zu machen. Bereist dieses einzigartige Land! Einer, der mit einem Misserfolg oder Flop alles verloren hat und hierzulande wie ein Aussätziger behandelt wird, kann in Amerika mit grossem Einsatz und viel Herz einen sensationellen Neustart hinlegen. Und die Amis wissen, wie man sich selbst und dieses allzu kurze Leben feiert, auch wenn harte Zeiten ins Haus stehen. Sie können Ereignisse und kleine Sachen unglaublich performen. »Was, du hast im *Whiskey a go go* gespielt? No way! Was, du liebst Reismilch? Amazing!« Ihre Begeisterung ist nicht geheuchelt, sie sind so. Oder was absolut nicht zu übertreffen ist … die Einstellung zu den »Träumern«. Jemand sitzt mit einer Gitarre in einer Bar und äussert seinen grössten Wunsch: einen Grammy zu gewinnen, und wird von niemandem heruntergemacht oder belächelt – weil es theoretisch machbar ist. Ein Leben voller Sicherheit – jedoch – ohne Traum, ist kein gutes. Das hat mir an Amerika immer gefallen: Es gibt Momente, da lässt es dich grösser als du selbst und das Leben fühlen. Eine willkommene Abwechslung im oft schwierigen, grüblerischen Alltag ...

Das Erste was mir nach meiner Rückkehr hier auffällt: Alles wunderschön geordnet, geputzt, wir haben eine fantastische Natur, gut funktionierende Infrastrukturen und gute Luft. Aber warum nur blicken so viele Menschen zu Boden, frustriert, matt und griesgrämig? Eine grosse Frage. Mani Matter sang: »Warum syt dir so truurig? S'geit doch so wi der's weit ... Warum syt dir so truurig? Nei dir wüsset ke Grund ...« Welcome to Switzerland.

Ach ja, bevor ich es vergesse: USA: McDonalds: 15 000, Starbucks: 11 500, Museen: 36 000! Also so schlecht steht es nicht um den wilden Westen ...

WERTPRÄMIE STATT HERDPRÄMIE

Die Gemüter köchelten wieder: Sollen Familien, die ihre Kinder traditionell selbst betreuen, ebenfalls von einem Steuerabzug profitieren dürfen – genauso wie jene, die sie fremdbetreuen lassen? Ich verstehe nicht, wie man dagegen voten kann! Wenn schon Betreuungsgeld verteilt wird, dann bitte schön sozial auch an die Daheimgebliebenen!

Eltern, die entscheiden, sich persönlich vollzeitlich um ihren Nachwuchs zu kümmern, ihm eine nachhaltige Erziehung, Betreuung und Pflege angedeihen zu lassen, sind genauso wertvoll und förderungswürdig wie jene, die in der Wirtschaft aktiv sein wollen oder müssen. Auf beiden Seiten gibt es Haushalte, die keine Steuererleichterung bräuchten, aber da scheitert die Gerechtigkeit wohl an administrativen und logistischen Haken. Das nehme ich in Kauf. Der Staat gibt ein Vielfaches für weit Dümmeres aus als unser lebendigstes und verletzlichstes Gut – den jungen Menschen.

In Zürich kostet ein Krippenplatz mittlerweile bis zu 29 000 (!) Franken pro Jahr und Kind. Die Schweiz hat europaweit den Spitzenplatz arbeitender Mütter. Die Maschinen dampfen und die Arbeitslosigkeit ist im Vergleich ein stolzer Tiefstwert. Wir werden wohl wachsen bis die Fruchtblase platzt. Nur will das niemand gern glauben. Es ist mir klar, dass oft beide Familycaptains arbeiten müssen, um die Segel zu halten oder den Lebensstandard, der ihnen vorschwebt, erreichen zu können.

Wir leben hier in einer westlichen, stark materiell orientierten Wohlstandsgesellschaft, in der manchem das Haben mehr am Herzen liegt als das Sein. Die Wohnung sollte einen begehbaren Gewürzständer haben und einen Schleudersitz von der Tiefgarage aufs Sofa, in der die computergesteuerte TV-Landschaft mit netten Begrüssungsworten startet. Dazu Autos mit integrierten Flachbildschirmen, damit die Kids ja nicht quengeln auf der Fahrt. Und Feriendestinationen, die auf Facebook etwas hermachen. Also nicht auf dem Zeltplatz ... Um das alles zu finanzieren, braucht es bald drei Einkommen.

Sollte es wirtschaftlich dereinst schlechter laufen, frage ich mich, wie solche Familien, die jetzt schon auf dem Zahnfleisch gehen, ihr Leben ohne soziale Zustüpfe bewältigen wollen. Die verlockende Schulden- und Tiefzinspolitik birgt grosse Gefahren. Ökonomen und Wirtschaftsexperten warnen davor, dass das künstliche, also ungedeckte und nicht erwirtschaftete, ins System gepumpte Geld eine Inflation hervorrufen wird. Wohlstand auf Kredit ist der falsche Weg. Denn ich sehe zunehmend viele überstresste und entnervte Menschen, statt solche, die glücklich in die Sonne blinzeln. Das gibt zu denken.

Vielleicht schlägt das Pendel ja zurück und Freundschaft, Liebe und Familie werden wieder zum wahren Luxus, weil seltener, als all die Ware um uns herum, die uns zu knechten und zu dirigieren droht.

Ich finde es besorgniserregend bis empörend, dass einerseits Unmengen von Geld in aufgeblasenen Verwaltungs- und Administrationsapparaten verdunsten und gleichzeitig die Familie geschnitten und dämlich geredet wird. Sie ist und bleibt Wiege, Treibstoff und Zukunft der Gesellschaft.

Amen. Alles andere ist Papperlapapp! Zynische verbale Hiebe wie Herdprämie oder gutbürgerliche Mutterkuh sind diskriminierend, arbeitsabwertend und stammen wohl aus unreifen Quellen. Es geht einfach nicht, dass Eltern, die sich materiell schlank halten, die Füdlis selber putzen und die Kleinen stets auf der Hüfte herumtragen, trotz weniger Einkommen Kitas mitfinanzieren müssen, die sie nicht nutzen.

Übrigens, ich höre Kinderpsychologen zu diesem Thema sprechen. Die Hauptgründe für auffällig werdende und sozial gestörte Kinder seien zu viel Stress, Lieblosigkeit und nervöses Herumgeschiebe. Zu wenig Verweilen und Seelensalben, immer wieder das Bündeli packen und keine gesunde Wurzelbildung. Eltern, die ständig auf jedes Piepen und Zwitschern reagieren, mit ihren gescheiten Telefonen mehr Augenkontakt haben als mit ihren Kindern, wirken sicherlich nicht entspannend auf den Nachwuchs. Tja, so verblöden Gross und Klein ihre wertvolle Zeit auf Erden ...

Ich ziehe auf jeden Fall mein Kopftuch vor all den Müttern und Hausmännern, die tagtäglich eine der schönsten, aber sicher auch schwierigsten Aufgaben des Landes unbeirrt mit viel Geduld, Energie und Aufwand erfüllen! Und ich bin mir sicher, dass auch sie mir zustimmen: Mutter sein ist kein Auslaufmodell – und Vater auch nicht! Zum Glück dürfen wir hierzulande noch unsere Stimmzettel ausfüllen, sie in die Urne hauen und korrigieren, was abgehobene Volksvertreter, deren Lächeln meist so eine professionell reservierte Note hat, ausgeboren haben. Und klappt es diesmal nicht, dann vielleicht das nächste Mal – so lange, bis alle merken, dass es nichts Unterstützenswerteres gibt als Eltern, die sich selbst die Zeit nehmen, um sich um ihre Kinder zu kümmern.

BEERENSTARK

Nach einem Konzert in Tschechien gab's am Frühstücksbuffet nicht eine einzige Frucht, und das mitten im Sommer!

In meinem Garten wachsen rote »Chruseli«. Ich erzählte davon und schaute sogleich in ein verwirrtes Gesicht. »Stachelbeeren«, ergänzte ich in Schriftsprache. Immer noch Bahnhof. Potztausend, dachte ich, etwas so Feines kann man doch nicht sein Leben lang verpasst haben! Ich brachte dann noch meine Meertrübeli ins Gespräch, und als ich deren korrekten Namen Johannisbeeren nannte, entspannte sich der Dialog endlich.

Diese beiden Beerensorten, die beim Zerbeissen im Mund so lustig sauer an Gaumen und Halszäpfli spritzen, scheinen eine Randgruppe geworden zu sein im sommerlichen Obstkonzert. Soll ich für sie eine Selbsthilfegruppe gründen? Vielleicht könnte man Cassis und Walderdbeeren ermuntern, ebenfalls beizutreten.

In meiner Kindheit waren diese Stauden- und Heckenschätze noch in aller Munde. Haben die Menschen im Laufe ihres Eiscrèmelebens vielleicht so süsse Zungen erworben, dass sie meine Begeisterung nicht mehr teilen können? Wie auch immer – ich kann es nicht unterlassen, hier einen Werbeblock für diese Genussperlen zu platzieren: Laufen Sie, sammeln oder kaufen Sie wieder einmal ein Beerenbouquet! Mischen Sie alles durcheinander: Him-, Heu-, Erd- und Brombeeren, Chruseli und Meertrübeli, alle Farben bunt gemischt. Genehmigen Sie sich ein Schälchen davon auf Balkonien oder in der Hängematte unter Herr und Frau Amslers Gesang, und schicken Sie bitte alle Fernsehköche wieder zurück an ihren eigenen Herd.

Essen ist eine wunderbare Sache, finde ich, und im Sommer die Unkomplizierteste überhaupt. Der Garten ist ein Selbstbedienungsbuffet. Alles, was die Schnecken übriglassen, lässt sich umgehend mit einem Schuss Salatsauce, Olivenöl, auf Kuchenteig mit einer Prise Zimt oder en nature verwerten. Wer die Gegend noch mitheizen will, entfacht ein kleines Feuerchen unter den Speisen und erfreut sich später am Aroma von Freiheit und Abenteuer. Haben Sie auch schon Wassermelonenschnitze grilliert? Ein Erlebnis! Als zusätzliche Geschmackserfahrung empfehle ich die Variante mit flambiertem Grand Marnier. Und wenn Sie es nicht lassen können, tun Sie halt noch ein Glace dazu. Bei Tageslicht dann können Sie die Pflaumen und Zwetschgen verküechelnen. Oder die Walliser Aprikosen, die heuer ein paar Sommersprossen abgekriegt haben und eben von einem sympathischen Grossverteiler-Druiden aufgekauft und mit dem Label »Ünique« versehen worden sind. Das lauwarme Mus aus den Kläräpfeln können Sie übrigens auf einen knusprigen Bitz Brot streichen oder zu einer gerösteten Banane schlemmen.

Sagen Sie jetzt bloss nicht, Sie hätten noch Lust auf Bratwurst oder Hotdog!? Beleidigen Sie mir nicht meine eh schon an den Existenzrand gedrängten Chruseli. Ich sage Ihnen, das käme gar nicht gut. Stellen Sie sich vor, die Beeren machen mobil und greifen an. Wehe, wenn sich all diese stacheligen Hecken mal auf den Weg machen, die Stadt einzunehmen. Meiner Erfahrung nach wächst eine Brombeerstaude durch jede Ritze hindurch, wenn sie will, und sollten dann die prallen Meertrübeli platzen, dann können Sie gleich den Maler bestellen! A propos malen: Nein, ich male nicht schwarz. Jede Kultur kann austicken, wenn man sie zu lange unterdrückt und ihr Respekt und Wertschätzung verweigert. Deswegen lassen wir es besser nicht darauf ankommen und ernten und geniessen, wo wir können. Und machen eventuelle Obstbanausen mundtot – bevor die Chriesi krachen.

Nun, irgendwie ist mir heiss um die Stirn ... Mein Thermometer zeigt derzeit täglich um die dreissig Grad Celsius an. Ich habe gehört, zu viel Hitze könne die Menschen zu Fantastereien und Blödsinn anregen. Ich finde das äusserst spannend und bedaure, dass dieser Zustand bei mir noch nicht so richtig eingesetzt hat. Zu gerne würde ich Zeuge dieses Phänomens werden! Und selbstverständlich das Erlebte gleich niederschreiben, damit Sie teilhaben können, liebe Leserschaft.

Aber jetzt will ich erst mal im Garten nachschauen, ob die Flora durstig ist und Lust hat auf das Regenwasser von vorletzter Woche. Bald wird es ausgehen, wenn die Blumenkohlwolken doch wieder unverrichteter Dinge weiterziehen und der Gewitterregen ausbleibt. Dann wird auch mein fruchtiger Gartensaftladen einen Engpass erleiden, wenn wir mit der Nässe sparen müssen. Henu – jeder Tag hat seine Nacht und jeder Spitzensommer seinen Wassermangel. Noch ist es glücklicherweise nicht brenzlig, und wenn ich die Aare so gediegen dahinfliessen sehe, erscheint mir die Vorstellung eines Wassermangels ziemlich abstrakt. Ich kann gar nicht anders, als mich an der warmen, bunten und spritzigen Welt, so wie sie gerade ist, zu erfreuen. Und der letzte Nichtsommer ist längst vergessen. Zum Glück.

DIE SCHWEIZ IST FERTIG!

Der 40-Jährige weiss unendlich viel mehr vom Leben als der 20-Jährige. Der Vorteil des 20-Jährigen ist, dass er das nicht weiss.

Das sagte einst Oscar Wilde. Als Jugendlicher kennt man von allem den Preis, aber nur von wenigem den Wert. Wer schätzt schon in seinen jungen Jahren, was seine Vorfahren und die Alten erschaffen haben? Oder was ein wirklich guter Song oder Wein ist? Man ist parat zum Kritisieren, Verteufeln oder Verharmlosen. Ich war genauso, verstand die »schaffä-schaffä-Häusle-bauä-Mentalität« meiner Eltern nicht. Alles war der Arbeit und dem Haben untergeordnet und für mich zu wenig dem Sein, dem Erforschen und Zelebrieren des Lebens. Später ist auch mir klar geworden: Ohne unsere fleissigen Ahnen könnten wir heute am Anfang des dritten Jahrtausends nie ein solch privilegiertes Leben führen.

Wer weiss schon noch, dass vor nicht allzu langer Zeit Zar Alexander I. von Russland für die verarmte, hungernde Schweiz, die weder Kolonien noch Bodenschätze hat, eine Kollekte durchführte? Vergangene Zeiten. Heute steht unser Land in vielerlei Hinsicht an der Spitze. Und gerade deswegen mache ich mir zunehmend Sorgen, denn die grössten Fehler passieren im Erfolg. Auf's Siegertreppchen zu gelangen ist das eine – oben zu bleiben das andere. Die meisten scheitern, egal ob Einzelkämpfer, Teams oder Länder. Denn sie vergessen, weiterhin das zu tun, was den Erfolg herbeiführte. Mit Goethes Worten: »Alles in der Welt lässt sich ertragen, nur nicht eine Reihe von schönen Tagen.« Das habe ich selbst mit meiner Musiktruppe erfahren. Zum Glück bekamen wir nach unserem selbstverschuldeten Absturz noch einmal die Chance, es besser und vor allem nachhaltiger zu machen.

Dazu kommt dann noch der Neid vieler Mitbürger auf die Reichen. Es wird vergessen, dass da, wo die Reichen sind, es auch den Armen besser geht, und wenn die Reichen gehen, zahlen automatisch alle Bleibenden mehr: Gerechtigkeit ist zum Urschrei von Ideologen und Fantasten geworden, die den Wohlhabenden, den Tüchtigen und den Glücklichen immer mehr wegnehmen wollen. Doch das hatten wir schon: Die allgemeine Umverteilung des Reichtums durch immer höhere Steuern und schärfere Gesetze endet immer in der allgemeinen Gleichverteilung der Armut. Das ist sicher ein Teil der Wahrheit, und damit wir uns nicht falsch verstehen: Klar, die Reichen sollen auch anständig besteuert werden. Und mit diesem Geld kann der Staat auch einiges bewirken. Aber bitte aufhören mit dem Gejammer! Eine totale Gerechtigkeit wird es nie geben, weil die Menschen so verschieden sind und auch sehr unterschiedlich mit ihrem Geld und ihrem Können umgehen – zum Glück.

Andy Warhol sagte einmal: »Die Schweiz ist gut – die Schweiz ist fertig!« Fertig im Sinne von festgelegt und zureglementiert, nichts mehr zu tun an diesem Land. Auf die Kunst bezogen: Dem Artist fehlt so der letzte Kick. Es war schon immer die persönliche Dringlichkeit, die Grosses erschaffen liess. In der Schweiz fehlt sie meistens. Ein Zeichen dafür, dass es uns gut geht – zu gut. Diverse Künstler checken das. Sie brechen aus und suchen die Herausforderung im unsicheren Ausland, anstatt sich auf ewig das süsse Gift der Staatssubventionen reinzuziehen. Noch drastischer formulierte es einst Berthold Brecht: »Die Schweiz ist zu teuer, wie eine Theaterdekoration, aber ohne Bühnenarbeiter.«

Im Nachhinein bin ich richtig froh, dass man uns Rockmusiker nicht mit Subventionen zugeschüttet hat. Wir wären faul, träge und selbstgerecht geworden und hätten es nie nach England, Kanada und Amerika geschafft. Da muss man nämlich Zähne zeigen und um sein Leben spielen und aufhören mit den üblichen Entschuldigungen made in Switzerland. Eigentlich stelle ich fast alle Subventionen im Unterhaltungsbereich infrage – sie machen vor allem träge, unerfinderisch und arrogant. Fast die ganze hiesige Kultursauna hat sich an den staatlichen Honigtöpfen gemütlich eingerichtet. Zurzeit werden Milliarden jährlich verteilt. Was daraus wächst, ist leider oft eher bescheiden. Erfreuliche Ausnahmen wie *Vitus*, *Die Herbstzeitlosen* oder *Dr Goali bi ig* bestätigen die Regel.

Kultur, abgeleitet vom lateinischen *cultura* – Bearbeitung, Pflege, Ackerbau – ist im weitesten Sinne das, was der Mensch selbst gestaltend hervorbringt, im Gegensatz zur nicht veränderten Natur. Das kann bildende Kunst, Musik, Religion, Formen der Lebensführung, Philosophie, Wissenschaft, Moral, Recht, Sitten und der herrschende Zeitgeist sein. Das Problem: Sie wird immer mehr von oben her bestimmt, von einem kleinen, engen Kreis der Wächter der wahren Kultur. Dabei sollte Kultur eigentlich das Gegenteil von Verwaltung sein. Sie sollte sich autonom darüber erheben und nicht in eine Abhängigkeit begeben. Sie sollte die gängigen Denkmuster irritieren, verwirren, neue Ansätze bringen und keine Angst zeigen sich, wenn nötig, mit dem Staat anzulegen. Und eben nicht zu einem Spielball taktischer Erwägungen verkommen und zurückgestutzt werden.

Wenn Kultur zum Feigenblatt irgendwelcher sich nach globalem Ausdruck sehnender Politiker wird, verkommt sie gern zur seichten Cüplikultur. Oder mit den Worten von John Lennon: »Der heutige Kulturbegriff gehört eigentlich abgeschafft. Kultur ist ein Alibi des Imperialismus. Es gibt ein Verteidigungsministerium. Es gibt auch ein Kulturministerium. Somit ist Kultur Krieg, und wie im Krieg benehmen sich auch gewisse Leute, wenn man die Frage nach dem Sinn ihrer Tätigkeit stellt.«

Das mag übertrieben tönen, aber es hat etwas. Subventionen sind ein Angriff auf die Autonomie und leider meist auch auf die Kreativität – sie verursachen Zahnausfall. Und wer beisst schon die Hand, die ihn füttert? Der Staat verhindert so ein breiteres privates Investorentum und die Anerkennung Kulturschaffender als selbständige Unternehmer. Für die Ehre der Künstler wären all die Millionen in innovative Schulen besser investiert. Die Jungtalente könnten gefördert werden und würden weniger belächelt, wenn sie diesen Beruf erwählen. Wer heute Künstler werden will, ist total auf den Staat angewiesen. Frech, extrem und anarchistisch können sie erst werden, wenn sie etabliert und unabhängig sind – das ist eine ungesunde Entwicklung.

HURRICANE SEASON

Alles ist friedlich. Amsel, Drossel, Fink und Star zwitschern fröhlich und sind an ihrem Platz. Plötzlich schiebt sich ein bedrohlicher Schatten über die Landschaft. Die Welt verdunkelt sich und ein Wirbelsturm fegt übers Land. Er knickt, bricht, verhudelt und verbläst alles von seinem Platz. Niemand hat damit gerechnet, man kann nur abwarten und mit beiden Händen festhalten, was sich halten lässt. Dann zieht die Luftschleuder urplötzlich wieder von dannen. Hund und Katze schütteln ihr nasses Fell und die Sonne scheint, wie sie es immer getan hat. Pubertät heisst dieses Phänomen.

Pubertierende kämpfen um Freiheiten, geistige wie körperliche. Heranwachsende brauchen ihren freien Fall. Als Eltern können wir nicht viel mehr tun, als ein Sicherheitsnetz spannen, mit dem wir die Kinder bei schlechten Erfahrungen auf der Suche nach dem eigenen Individuum werden wieder auffangen können. Und ganz wichtig: Nichts persönlich nehmen! Was natürlich sauschwierig ist, aber Kinder müssen, heute wie damals, einfach gegen die Eltern rebellieren. Nur so können sie ihren eigenen Weg finden und sich abnabeln.

Ich finde ja, bei mir sei es nicht so arg gewesen, aber das war zu einer Zeit, als noch nicht jedes Intermezzo digital festgehalten wurde. Deswegen erinnere ich mich nicht mehr so detailliert daran, ausser dass ich als Linealcrasher meine Sinnlosschule mit Trommeleinlagen terrorisierte und nicht recht wusste, ob ich die Mädchen noch kneifen oder schon küssen sollte. Meine Kollegin Maya erzählte mir, wie unterschiedlich die Metamorphose vom Kind zum Erwachsenen bei ihrer Jungmannschaft lief. Bei einem Kind waren die Turbulenzen recht gut ertragbar, das andere übte sich in höherer Landschadentechnik und setzte alle Normen ausser Kraft. Sie hätte sich oft gewünscht, in die Hände klatschen und fünf Jahre vorrücken zu können. Alle erfuhren die gleiche elterliche Fürsorge, bekamen die gleiche Nahrung und schliefen im selben Haus. Trotzdem äusserte sich der hormonelle Umbau sehr verschieden bei ihren Kids. Aber alle seien irgendwann wieder dahin zurückgekehrt, wo sie vor dem Unwetter waren und quasi »die Alten« gewesen. Wer vorher ein gutmütiges und unkompliziertes Wesen hatte, zeigte es auch jetzt wieder.

»Pubertät beginnt dann, wenn die Eltern anfangen, schwierig zu werden.« Und: »Wir sind die, vor denen uns unsere Eltern gewarnt haben ...« An diese Posterslogans kann ich mich noch erinnern. Ich weiss auch, wie ich zwischen Scham und Grössenwahn schwankte. Wer mich plötzlich siezte, brachte mich in Verlegenheit, wurde ich weiterhin geduzt, war ich hässig und beleidigt. Durfte ich eine Respektsperson auf einmal beim Vornamen nennen, brachte ich dies fast nicht aus dem Mund. Aber ich checkte unterdessen kristallklar, wie der Hase läuft auf dieser Welt und konnte nicht verstehen, wie die Grossen selbstgefällig auf dem Canapé sitzen konnten, während die Erde blutete und um Hilfe schrie. Wenigstens ich sollte sie retten, wenn diese Gruftis schon nichts checkten. Auf gar keinen Fall würde ich Kinder in diese Welt setzen, waren ja eh schon zu viele, und dieses Leben fand ich in erster Linie eine Zumutung. Und ich wollte schon gar nicht ein eigenes Haus für mich beanspruchen bei dieser voranschreitenden Landzerstörung.

Auf jeden Fall war ich froh, ein Schlagzeug zu haben, ein Instrument das übrigens meiner Meinung nach in jeden vielfältigen, cleveren Haushalt gehört. Man kann sich da perfekt abreagieren und findet irgendwann den richtigen Takt und Groove.

Die Gegensätze hatten mich heimgesucht. So musste ich in den folgenden Jahren einige Male feststellen, dass sich mein Denken in der einen oder anderen Sache stark geändert hat. Darum mag ich Jugendliche, die aufmüpfig, widerspenstig und auf Wahrheitssuche sind. Auch wenn sie dem einen oder anderen von uns Grossen mal ein Rohr voll ins Gesicht schleudern – sie bereiten sich auf das Leben vor. Kummer machen mir eher Protestlose, die gelangweilt jeden Pfostenfurz einatmen und sich nur nerven, wenn sie in ihrer Eintracht mit der Unterhaltungselektronik gestört werden.

Auf jeden Fall muss üben, wer für das grosse Lebenstheater gewappnet sein will. Aus diesem Grund hielt eine Freundin mal ihren Sohn zurück, als er nach einer von ihr mit einem Nein beantworteten Frage frustriert maulend davonzottelte. Sie sagte ihm, wenn er im Leben bekommen möchte, was er wolle, dann müsse er sich rechtzeitig gute Argumente zurechtlegen. Ihr sei eben keines zu Ohren gekommen ... Bingo! Von da an sassen die beiden fleissig diskutierend auf dem Küchenboden. Er liess nicht mehr locker und pries ihr die vielfältigen Vorteile für alle Beteiligten, wenn sie ihm das 50 ccm starke Motorrad finanzieren oder die Freundin bei ihm übernachten lassen würde. Es sei eine sehr anstrengende Zeit gewesen, die heute das eine oder andere Grinsen auslöse. Sie hatte dann die Sauerei, als sie heimkam und einen Motor im Geschirrspüler vorfand … Ihr Sohn schwärmt heute noch davon, wie sauber er geworden sei.

Pubertätsstürme überrumpeln einen nach dem beschaulichen Kinderleben. Traurig wäre es jedoch, gar nichts zu erleben, was man sich später erzählen kann. Die Hurricane Season ist irgendwann vorbei. Dann sucht man am besten sein Mobiliar zusammen und ordnet es neu, deckt den Tisch, füllt die Gläser auf und prostet sich zu. Und lauscht, wie die Vögel wieder wunderschön singen. Das möchte ich hinkriegen. Fragen Sie mich in fünf Jahren danach. Vielleicht kann ich dann auch sagen, wann die Ablösung härter war, als Vater oder als Sohn.

DIE EWIGE WUNSCHLISTE

Ich bin am Aufräumen und im Radio singt Mani Matter: »Warum syt dir so truurig? S'geit doch so wi der's weit …Warum syt dir so truurig? Nei dir wüsset ke Grund …«

Ich frage mich immer wieder, wenn ich von längeren Auslandsreisen nach Hause komme, warum es in diesem Land so viele triste, griesgrämige Blockflötengesichter gibt und ob ich mittlerweile bereits dazu gehöre. Überdies haben wir hier weltweit die zweithöchste Selbstmordrate bei Jugendlichen. Ist es die Absenz des Mangels? Geht es uns zu gut? Haben wir zu wenig echte Probleme oder nicht genug Sonne und Liebe?

Wir leben hier im Westen in einer Zeit der Wunschexplosion.

Der renommierte Psychologe und Ethnologe Mario Erdheim stellte richtig fest, dass der Bruch mit dem Alten die bisherige Orientierung aufgeweicht hat. Die engen und einengenden familiären Bedingungen wurden im Laufe der Zeit abgestreift, alles Ständische und Beharrende verdampfte, alles Heilige scheint entweiht. Man kann sich heute gar nicht mehr vorstellen, wie wenig Raum der Einzelne einst hatte. Wir sind eine uferlose Gesellschaft der Individuen geworden und nicht mehr eine Gesellschaft der Gruppen. Das birgt Gefahren.

Freiheit kann überfordern. Ein geruhsames Dasein kennen nur die wenigsten. Nahe am Burnout rennen die meisten irgendetwas nach, wollen immer mehr und finden nicht zu einer nährenden Ruhe und Ausgeglichenheit. Zu verrückt sind die Verlockungen dieser Welt. So geht ein gewisser Halt verloren. Doch der Erdenbewohner kann nicht leben, ohne gewisse Bindungen einzugehen. Wer herumflattert wie ein orientierungsloses Blatt im Wind und alles im Alleingang will, blutet rasch aus. Wir brauchen Beziehungen und gerade die sind der Ort, wo auch Autonomie gelebt und gelernt werden kann. Einerseits will ich Freiheit, anderseits brauche ich eine Beziehung. In diesem Spannungsfeld entwickelt sich der Mensch. Weiss Gott keine einfache Sache.

Ich glaube, dass diese ganze Wunschexplosion auch der Arbeit eine andere Bedeutung gegeben hat. Statt den Beruf als Berufung zu suchen und zu leben, ist für viele die Maloche ohne Glanz nur noch zum Geldverdienen da. Damit will man sich die Ware kaufen, von der man glaubt, sie besitzen zu müssen.

Kohle ist zur Hauptbegründung einer Beschäftigung geworden und so fehlt ein wichtiger Lebensinhalt. Jeder, der einen erfüllenden Job hat, kann bestätigen, dass genau das zuoberst auf der Wunschliste stehen sollte, damit Unglaubliches erlebt und Zufriedenheit erreicht werden kann. Der materielle Überfluss, den man angeschafft hat, und den man in der Folge abstauben muss, spielt eine sekundäre Rolle.

Mein grosses Glück war, dass mit der Musik und dem Schreiben Konstanten in mein Leben kamen, die bis heute halten. Das rettete mich vor vielen Irrwegen und Frustrationen. Ich hatte gefunden, wonach ich suchte. Klar gibt's in jedem Beruf schwierige, unschöne Momente, da muss man durch, und klar drückt der Sammler in mir immer wieder durch. Irgendwann fand ich aber heraus, dass dieser ganze Zirkus ums Materielle keinerlei Seelenheil mit sich bringt und die Hippies eben doch recht hatten: All you need is love. Liebe für die Mitmenschen, Tiere und das, was du tust und lebst. Jeder Mensch wünscht sich doch, wie eine Blüte aufzugehen. Die ewige Wunschliste wird dir keine Befriedigung geben. Es werden nur notdürftig Seelenlöcher gestopft, die am Ende nicht gestopft werden können. Die Depression schleicht sich an, wenn du merkst, dass du dir alle Wünsche erfüllt hast, aber trotzdem etwas fehlt. Egal wie viel du kaufst und shoppen gehst – es wird immer etwas fehlen.

Aber auch jene, die sich vieles nicht leisten können, was sie gern hätten, fallen in dunkle Löcher. Die Ärmeren unter uns leben nicht abgeschirmt. Sie sehen all das Schöne und Aufregende, was uns da angeboten wird, ebenfalls. Auf Plakaten, Zeitschriften, im Fernsehen, im Kino und überall. Die Luxus-Shopping-Meilen sind für sie nicht gesperrt. Die Mittellosen würden auch gern von diesen süssen Früchten kosten. Sie riechen sie zwar, aber sie bleiben unerreichbar. Genau das treibt das Versagergefühl hoch. Ich bin nichts, ich besitze nichts und habe alles im Leben falsch gemacht ... Es wäre mehr als zynisch, jenen Menschen zu sagen, dass der schnöde Mammon nur kurzlebiges Glück bringt und frei zu sein davon glücklicher macht. Letzten Endes muss jeder selbst die Erfahrungen machen und herausfinden, was ihn nährt und freut, und was nicht.

Wünsche können aber natürlich auch antreiben und das Leben verändern. Ich glaube und erlebte selbst, dass, wenn man etwas intensiv wünscht, es früher oder später auch in Erfüllung geht – nur sollte man aufpassen, was man sich wünscht. Und übrigens: Vorfreude ist die schönste Freude. Schon der alte und weise Indianerhäuptling »Sitting Poulet« wusste: when a dream becomes flesh – trouble is not far behind ..., wenn Träume sich verwirklichen, sind Probleme nicht fern.

In diesem Sinne mache ich nächstens wieder mal einen Flohmarkt in meinem Garten oder lasse die Broki-Entgrümpler kommen.

GOTTFRIEDSTUTZ

Gott, Friede und Stutz ... Stutz hätte ich gern und Frieden wünsche ich mir sehnlichst. Bei Gott bin ich etwas ratlos. Die Materie ist abstrakt. Ich bin nicht sicher, ob der Weltfrieden durch Gott oder Allah geebnet wird. Eine nie endende Blutspur und Unterdrückung zeigt uns das Gegenteil. Ja wirklich, Gott hat ein Imageproblem!

Würde es uns allen immer gut gehen, bräuchte es keine Religionen. Der Mensch hat jedoch immer wieder Leiden, Schmerzen, Kriege, Katastrophen, Unglücke und Tiefschläge wegzustecken. Gerade in solchen Phasen kann Trost im Gebet, in der Meditation oder im gemeinsamen Gottesdienst gefunden werden. Ich persönlich finde es auch gut, wenn der Mensch an etwas Grösseres und Erhabeneres als an sich selbst glaubt. Das fördert Demut und Bescheidenheit.

Rudolf Steiner sagte ungefähr: Jeden Tag, an dem wir nicht richten und andere Menschen be- und aburteilen, steigen wir empor und werden seligere Menschen. Elvis drückte es einfacher aus: »Don't juge that man, coz you didn't walk in his shoes«: Verurteile keinen Menschen, denn du bist nie in seinen Schuhen gelaufen. Wie wahr! Und der stärkste Satz aus dem Johannesevangelium: »Wer unter euch ohne Sünde ist, werfe den ersten Stein.« Um genau dieses Erkennen und Verzeihen sollte es in einer humanen, friedlichen Religion gehen.

Der grosse Trumpf fast aller Glaubensgemeinschaften ist der Tod und das Jenseits. Wir alle wissen, im Gegensatz zu den Tieren, dass wir nur auf Zeit hier sind und haben keine Ahnung, was danach kommt. Das nützen die meisten Religionsgemeinschaften für sich. Die Unsicherheit, was danach kommt, auszuhalten, ist nicht einfach und es macht den meisten Menschen Angst. Warum eigentlich? Weil wir fest am Leben, unseren Lieben und dem, was wir haben, hängen. Es ist ja auch noch nie jemand zurückgekommen und hat uns erzählt, wie toll und friedlich es da drüben ist.

Religionspraktiken sollten einst auch den Übermut des Volkes zügeln und es zugunsten der Obrigkeit im Zaum halten. Das Fegefeuer klang schon zu mittelalterlichen Zeiten, als noch jedermann täglich angefeuert hat, furchtbar heiss und ungemütlich. Wer nicht wusste, was sich hinter dem Horizont befindet, dachte vermutlich, er übe sich besser in Ergebenheit und Gehorsam. Wer sich jedoch zu sehr den irdischen Ausschweifungen hingab, durfte damals mit der Halsgeige spazieren gehen oder ein paar Stunden durch den Prangerbalken schauen. Man war nicht zimperlich. Wie grässlich musste es erst sein, für die Weltewigkeit im Kochtopf zu schmoren und dem Teufel bei der Hufpflege zuzuschauen!

Das Mittelalter muss ein dunkles und hartes Pflaster gewesen sein. Das allmächtige Papsttum bestimmte alles und jeden. Einen von der Kirche getrennten, selbstbestimmenden Staat gab es nicht. Mir graut, wenn ich daran denke. Da war man null Komma sofort ein Ketzer oder eine Hexe und landete auf dem Scheiterhaufen. In Solothurn ist seither viel Wasser die Aare hinabgeflossen. In der Geschichtsbilanz haben Religionen jedoch durch alle Zeiten hindurch Blutspuren hinterlassen.

Recht friedvoll und positiv scheint mir einzig der Buddhismus zu sein. Scheinbar kommt er ohne die Argumente Mord und Totschlag aus. Der Unterschied liegt eventuell darin, dass dem Buddhist weniger danach dürstet, den Mitmenschen zu optimieren als sich selbst. Edelmut, Feinheit und Grosszügigkeit wird erstrebt. Das ist es, wofür ich applaudiere.

Wäre ich König des Universums, würde ich eine neue Weltreligion begründen: Ehrfurcht und Dankbarkeit für das Leben, Respekt und Fairness für jede Kreatur, Vergeben als hohe Kunst, Unterstützung und Pflege für den Nächsten. Eine Religion wider das Leiden. Und jeder dürfte glauben, sagen und anziehen, was er will. Ich wäre sogar dafür, dass wir täglich auf die Knie gehen. Allerdings nicht vor einer Statue oder einem Kreuz, sondern vor unseren Frauen und Kindern. Vor den Freunden und vor allem, was unser Dasein bereichert und stärkt. (Ginge dann tagelang keiner vor mir in die Hocke, dann wäre ziemlich klar, dass ich nicht geliked werde und das eine oder andere verkehrt anpacke.)

Meine Religion käme also gänzlich ohne Protagonisten aus, über deren Existenz und Schriften wir mutmassen müssten. Im Zentrum stünden wir selbst, mitsamt unseren Tieren und Gärten, einschliesslich der Luft, die wir einatmen. Unserer eigenen Welt sollten wir uns gefällig erweisen, dann wäre notabene auch das Überleben der Erde mit in unser Streben und Denken eingeschlossen. Religion und Spiritualität sind mir also jederzeit willkommen, wenn sie pflegend, verbindend und versöhnend sind.

Leider lassen die aktuellen Ereignisse überhaupt keinen Platz für derartige tagträumerische Ausschweifungen und

Romantik: Tue Ungutes und sprich darüber! Nach diesem Prinzip gehen die Dschihadisten, Islamisten und andere Barbaren unschuldigen Menschen zu Leide. Das Blut fliesst – so sieht Güte und Frömmigkeit nicht aus. Imponieren, Angst einflössen, sich Menschen untertan machen, Zwang, Enthauptungen, alles in Schutt und Asche legen. Diese missratenen Seelen glauben tatsächlich, sie seien auf dem richtigen Weg und dürften für ihre Gräueltaten dereinst nach ihrem Auszug aus der körperlichen Wohnung noch Streicheleinheiten von tausend Jungfrauen abholen. Solche Hunde haben definitiv die falsche Welpen- oder Koranschule besucht! Sie haben einen Gott und wissen scheinbar, wie man zu Stutz kommt, aber Frieden tragen sie keinen in sich. Nein, die Hölle ist nicht im Jenseits, sondern hier auf Erden – in und unter uns!

Ich respektiere alle Menschen, die einer Religion folgen, solange sie nicht stur behaupten, es sei die einzig wahre. Persönlich bin ich wohl ein Buddhrist. Die Lehren Buddhas beeindrucken mich, aber auch Jesus und das Neue Testament bergen sehr viele Schätze und Inspirationen. Zur Kirche gehe ich eher selten, da mir das Ritual der Messe nur wenig sagt. Richtig hingezogen fühle ich mich zur Mutter Maria. Sie nimmt mir jegliche Furcht, tröstet mich und verkörpert so zauberhaft das Weibliche und Mütterliche. Erklären kann und muss ich es nicht, es ist einfach schön, dass sie und ihre Engelsschar mich beschützen.

Für die Katholiken zeigt sich endlich wieder die Morgenröte am Horizont. Papst Franziskus scheint Frömmigkeit im positiven Sinne zu praktizieren und sein Möglichstes zu tun, um die göttliche GmbH wieder an die Wärme und in die Herzen der Menschen zu führen. Zumindest schliesse ich aufgrund seines ungewohnt bescheidenen und beherzten Handelns darauf, dass er in aufrichtiger Ehrfurcht vor dem Dasein arbeitet. An dieser Stelle berichtete ich schon einmal von meinem Vatikan-Backstage-Besuch ... Zu meiner Verblüffung bekam ich Monate später den Segen des Papstes in Form einer signierten und gerahmten Geburtstagskarte. Dieser Mann sitzt offensichtlich nicht auf einem hohen Thron, wohnt im Haus der Schweizer Garde und hat keine unguten Vorurteile einem etwas eigenartig gekleideten Mann mit Kopftuch gegenüber. Ich hoffe, dass Franziskus noch viel Zeit bleibt, um seine natürliche, loyale Haltung im Vatikan populär zu machen und verquere und vernunftresistente Wesen zum Tor zu begleiten.

... drum gib uns heute genug Stutz, um den Frieden zu fördern, wenn es dich gibt, Herr Gott.

POLITGEBET

Herr von Rohr, wo stehen Sie eigentlich politisch – rechts, grün, mittig oder doch versteckt links? Meine ewige Antwort darauf ist: Ich bin vogelfrei, parteilos, ein freiheitsliebender Rockhippie mit offenem Herzen und durchlässiger Seele. Aber auch ein Steuerzahler, der sich derweil ein gutes, effizientes Management und eine deutlich weniger kostspielige Regulationsflut wünscht. Mit anderen Worten: Der Bürger sollte im Zentrum stehen und nicht der Staat. Eigenverantwortung und unternehmerische Freiheit sind die Stärken dieses Landes.

Freunde attestieren mir ein gesundes Mass an Menschenverstand, Neugier und Körperwärme. Ich lese viel, misstraue der Masse, fast allen Institutionen, gewissen Auswüchsen einer wachstumsgetriebenen, nimmersatten Wirtschaft und natürlich den exorbitant verschuldeten, zentralistisch geführten Grossstaaten. Will mir deshalb jemand anhängen, ich sei ein eingeseifter Rechter, entgegne ich: Hey Mann, lebe mal einen Monat mein Leben, stecke in meiner Haut und meinem Kopf, und dann weisst du's besser.

Ich checke sowieso nicht, was die Frage nach der Parteizugehörigkeit soll. Wenn einer nicht klauen will, fragt man ihn deswegen auch nicht, ob er Mitglied des Kirchenchores ist. Mir geht es um die Sache. Vor nicht allzu langer Zeit galt soziales Denken als verdächtig links und rasch hiess es: »Moskau einfach.« Unterdessen ist es unschicklich und moralisch verwerflich, die Sozialindustrie und ihr

Wirken zu hinterfragen oder optimieren zu wollen. Während eines Menschenlebens wird man Zeuge von zügig wechselnden Strömungen. Im Nachhinein erkennt man in den besseren schliesslich auch schlechte Aspekte und in den schlechteren gute. Ich sehe mich als ein viel gereister, vorurteilsloser und interessierter Beobachter der Politik und erlaube ich mir eine selbstgewonnene, differenzierte Meinung. Ich passe sie nicht dem Zuhörer an. Klar, Meinung kommt von meinen und zuweilen müssen wir alle unsere Haltungen und Überzeugungen ausmisten und dem Wissensstand anpassen.

Rede- und Meinungsfreiheit ist ein Grundrecht in zivilisierten Gebieten der Erde. Ich sehe es gar als staatsbürgerliche Pflicht, den dreist gewordenen Subventionsjägern, Berufsregulatoren und Non-Stop-Gesetzesverfassern an den Schalthebeln der Macht auf die Finger zu schauen und gegebenenfalls auch drauf zu klopfen.

Oft nehmen die Herrschaften im Gleichstellungsbüro nämlich eine unglaublich selbstgerechte, ja arrogante Haltung ein und übersehen, kaum im Amt, wie viel sie verdienen, was sie wirklich konkret dafür leisten und wer in diesem Land ihr Chef ist: Das Fussvolk, das sie gewählt hat! Eine uferlos wachsende Verwaltung mutiert zum sich selbst beschäftigenden Monster, eine Art Parallelgesellschaft, bei der es gar nicht mehr um das Bewältigen der Pendenzen geht. Inkompetentes Schönwetter-Management und Geldverschwenderei lenken davon ab, dass der gesamte Wohlstand an einem dünnen Faden hängt und sich alles schlagartig ändern kann.

Ich verlange Respekt und Toleranz für Andersdenkende. Wir dürfen mit reinem Gewissen kritisieren. Denn wer die Busfahrt bezahlt, soll die Fahrtrichtung mitbestimmen dürfen.

Errungenschaften wie Selbstbestimmung, politische Unabhängigkeit, Neutralität, Föderalismus und die wunderbare direkte Demokratie, die sich dieses Land im 19. Jahrhundert in die Verfassung geschrieben hat, machen uns bis heute zum fortschrittlichsten und erfolgreichsten Staatswesen, das weltweit bewundert und bestaunt wird. Nun soll plötzlich progressiv sein, wer dieses bewährte System gefährdet, mit Füssen tritt und für altbacken, hinterwäldlerisch und überholt erklärt?

Ladies 'n' Gentlemen, gimmie a doublebreak! Das ist, wie wenn sich der geniale Star-Pianist Lang Lang, zwecks Verbesserung seines Spiels, in einen Trainingskurs im Konservatorium Bern einschreiben würde – oder Zauberfussballer Lionel Messi sich Tipps beim Drittligisten FC Osnabrück abholen wollte. Nein, andersherum ist es richtig. Fortschrittlich ist, wenn andere Länder sich an unserem freiheitlich-demokratischen Modell orientieren.

Der Aufstieg der Schweiz ist zu einem grossen Teil eine Konsequenz ihrer früheren Armut, des Fleisses und ihrer realitätsnahen Regierungsform. Deswegen ist es nicht nur für mich unverständlich, wenn dieses Land seine Stärken vergibt und Mechanismen übernimmt, die andere Länder durch einen überdimensionierten Staatsapparat und hohe Schulden in eine politische und wirtschaftliche Dauerkrise geführt haben. Müssen wir erst wieder ärmer und hungriger werden, um dies zu erkennen? Ja, wahrlich, die fetten Jahre treiben seltsame Blüten.

Ist es ein Witz oder reine Hochmut, aber mittlerweile empfinden gar etliche Parlamentarier und Richter den Souverän eher als störend und sie probieren, ihn auszuhebeln. Beschlossene Gesetze treten nicht in Kraft und der Wille des Stimmbürgers verwässert. Beispiele gibt's genug. Und wer sich für die Volksrechte einsetzt, wird gern als Feind der Menschenrechte diffamiert. Dabei wird übersehen, dass in der Vergangenheit meist die Politiker und nicht die Bürger die grossen Probleme kreiert haben. Das gemeine Fussvolk hat sich sicher in Abstimmungen auch schon geirrt, aber langfristig hat es das feinere Gespür für die Sache als die Berittenen, die zur Vogelperspektive hinstreben. Bei jeder Debatte empfiehlt es sich, genauer hinzuschauen, wer wessen Brot isst. Ich staune immer wieder über so viel Unverfrorenheit. Dass man instinktiv dem Geldfluss folgt, ist verständlich, aber an der Moralgrenze noch die Gutmenschenkeule zu schwingen, ist schon fast unerträglich.

Ich will nicht alles über Leistung und Effizienz definieren, habe mir selbst als neugieriger Freigeist und Hippie Auszeiten genehmigt, reflektiert und vieles hinterfragt. Dabei habe ich jedoch nie auf dem Geldsäckel des Staates geschlafen, niemals das kapitalistische System ins Pfefferland gewünscht oder die Sozialwerke für mich bluten lassen. Dennoch liegt es mir fern, jene Pechvögel zu verurteilen, bei denen alles schiefgelaufen ist. Es gibt sie, die armen Teufel, an denen schon im Mutterleib der schwarze Peter haftet. Solche, die zur falschen Zeit am falschen Ort waren oder denen das Schicksal übel mitgespielt hat. Ihre harten Lebensgeschichten berühren und erschüttern mich oft. Wer am Boden liegt, dem will ich meine Hand hinstrecken. Er darf aber nicht verlernen, wie man die Beine bewegt. In jeder Reha wird auch Physio gemacht. Und wer gesund ist, sollte sich nützlich machen, wenn er schon Geld vom Steuerzahler bezieht. In einer Kommune muss auch der Langschläfer mal einkaufen gehen, waschen oder putzen. Und vergesst nicht: Jemand muss auch die Drecksarbeit machen – im Alltag wie in der Politik.

Hier also mein Politgebet: Lieber Mensch und Mitmensch, sei weltoffen und trotzdem unabhängig, hilfsbereit, grosszügig, ohne gleich das ganze Tafelsilber zu verkaufen! Schütz das wertvolle Gut der direkten Demokratie und Freiheit. Nimm dich in Acht vor zentralistischer Machtballung und Monopolen jeglicher Art. Sie sind überheblich, unverbindlich und unkontrollierbar. Und lieber linker »Gutmensch«: Halte bitte die Ausgaben im Auge. Lieber Rechtsbürgerlicher: Vergiss in all deinen Forderungen zur Optimierung eines schlanken Staates nicht, Herz mit einzuschalten. Denke global, aber handle lokal. Verstehe die gewerblich-industriellen Büezer – Schweizer wie Migranten – und lass ihre Teller voll werden. Nähre auch diejenigen, die unproduktiv sind. Aber motiviere sie durch eine angemessene Diät, wieder produktiv zu werden, wenn es möglich ist. Lass dir nichts gefallen, kämpfe unerschrocken für deine Anliegen, und lass den Horizont weiterhin von links bis rechts durchlaufen. Hohe Tannen hat es da wie dort und der Jura hört auch nicht in der Mitte auf.

PS: Auch ich bin schon in die gesellschaftspolitische Falle getappt und habe durch vage, unpräzise Äusscrungen, mir liebe Menschen erschrocken. Oh Politik, du Quell der Missverständnisse, so schnell verliert man sich in dir und redet total aneinander vorbei. Eine eigenartige destruktive

Energie beginnt sich zu verbreiten. Ich werde sorgfältiger mit explosiven Themen umgehen. Am Ende gibt es immer verschiedene Perspektiven und Wahrheiten. Nur ist es schwer, dies zu akzeptieren ohne zu richten, und Gespräche zu führen, die verbinden anstatt zu trennen.

»ES WAR EINE MUTTER ...

... die hatte vier Kinder: / den Frühling, den Sommer, den Herbst und den Winter. / Der Frühling bringt Blumen, der Sommer den Klee, / der Herbst, der bringt Trauben, der Winter den Schnee.« Das ist der Anfang eines Kindergedichtes, das ich mag.

Ich habe unterdessen schon einen guten Teil der Jahreszeiten des Lebens genossen, war als Blumenkind ein Bote des Frühlings, pflückte die saftigen Sommerkirschen, wurde Zeuge des Verwelkens im Herbst und ... nein, der Winter ist mir doch noch zu weit weg!

Aber etwas weniger poetisch ausgedrückt: Der Kreis des Lebens ist ein wahrlich runder und abwechslungsreicher Prozess. Ich stelle immer wieder mit Erstaunen fest, wie sich meine Wahrnehmung und mein Fokus im Alltag verändern. Kaum hatte ich mich daran gewöhnt, in einem Alter angekommen zu sein, wo ich anfange zu denken, wie es meine Eltern taten, da begann bereits etwas Neues. So ging es mir dauernd. Einsichten und Ansichten kamen hinzu, Wichtiges wurde nebensächlich und ehemalige Bagatellthemen bauten sich mit verschränkten Armen vor mir auf und wollten beachtet werden. Und was mich am meisten wundert und freut, ist, dass ich nicht etwa abhärte, weil ich schon so vieles gesehen, gelesen und miterlebt habe. Im Gegenteil: Die Wunder des Lebens, die Gesetzmässigkeiten der Natur, ihre Grösse und Überlegenheit und die Verwundbarkeit ihrer Bewohner, der Menschen und Tiere –

diese Themen berühren und faszinieren mich viel mehr als in jungen Jahren. Manche Widrigkeit, die ich früher schnöselhaft beiseitegewischt hätte, fährt mir heute mitten ins Herz und ich finde sie eine nicht tolerierbare Barbarei.

Ein Paradebeispiel dafür sind die Nachrichten: In meiner Jugend sah ich im Fernseher Kriegsopfer herumrennen und fand es schlimm, aber glücklicherweise war es weit weg, was die Angelegenheit etwas surreal erscheinen liess. Bei uns war zwar auch Hass spürbar, solcher gegen langhaarige Musiker etwa, aber sonst war die Welt recht einschätzbar und verlässlich friedlich. Später, als Vater, sah ich die Kriegsbilder mit anderen Augen: Mein Gott, wenn ich da mit meinem Kind an der einen Hand, einer Wolldecke unter dem Arm und einer Flasche Wasser in der anderen Hand um mein Leben rennen müsste! Die Vorstellung trieb mir einen Schauer über den Rücken, und auf einmal betrafen die gezeigten Bilder auch mich.

Der Gärtner zieht seine Pflänzchen im geschützten Treibhaus und nährt sie, damit sie die Robustheit erlangen, in meinem Garten Wind und Wetter auszuhalten. Ich glaube, das Leben macht es ebenso mit uns und damit genau richtig. Es lässt uns, wenn wir Glück haben, erst eine Unbeschwertheit erleben, wo wir uns in guter Obhut fast unverwundbar fühlen. In Übermut stürzen wir uns in die Abenteuer, wo wir erst reifen können und die notwendigen Haltungen dann einnehmen, wenn wir so weit sind und es auf unsere Stimme ankommt.

Die Haut wird mit den Jahren offenbar nicht zwingend dicker, aber reissfester. So ist es uns doch möglich, die Dinge, die uns als Kinder geschädigt hätten, im Erwachsenenalter zu ertragen und zu verarbeiten.

Was ich ebenfalls schön finde: Ich habe im Lauf meines Lebens jemanden kennengelernt, der mir nahesteht. Mich. Ich habe gemerkt, wie ich ticke, wo ich stur bin und wo beweglich, erkenne, wann für mich genug ist von etwas, wo ich mich behaupten und wo ich fünf oder sieben gerade sein lassen will. Und es ist überhaupt nicht langweilig, sondern entstressend.

Kürzlich habe ich an dieser Stelle von Schlafstörungen über Wasseradern berichtet. Seither hat mich dieses Thema regelrecht geflutet! Wir Menschen reagieren auf alle möglichen Dinge, die physisch auf uns eintreffen. Manche Menschen spüren den Bus, bevor sie ihn sehen oder hören können. Sensible werden in unserer verdrahteten und drahtlosen Vernetzung von Strahlungen und Elektronik regelrecht gefoltert. Auch in dieser Hinsicht lernt man sich nach und nach und zuweilen schmerzhaft kennen und findet heraus, wo man steht und hinpasst und wo man sich besser nicht aufhält. Das ist eine Sorte Wissen und Erfahrung, die noch in den Kinderschuhen steckt. Wer blickt noch durch, in einer Welt, wo Backofen, Rasenmäher, Garagentor und Waschmaschine ferngesteuert bedient werden und uns beinahe jedes Gerät über die Uhrzeit, die aktuellen Wechselkurse und unseren Blutdruck informiert?

Der Mensch schafft sich eine Welt mit Passwörtern, Pins, Puks; Technologien, deren Spielregeln er selber oft nicht mehr mächtig ist. Er muss sie und ihre Konsequenzen mühsam kennenlernen und auf der Natur letztes Wort warten. So kommen wir zu neuen Denkaufgaben. Die Materie, die wir erschaffen, spürt weder Schmerz noch Verlust – wir sind die Zuckerpuppen im eigenen Game. Das ist Fluch und Segen.

Es war eine Mutter, die hatte vier Kinder – und jedes war ein Lieblingskind. Zum Glück haben wir erst Frühsommer...

DAS UNWORT

Was tue ich hier eigentlich? Ich schreibe. Das ist mein Job. Aha. Warum und wozu? Vermutlich habe ich einen endogenen Drang, über das menschliche Treiben zu sinnieren, und indem ich meine Beobachtungen aufschreibe, erkläre ich sie mir sogleich.

Jetzt kommt schon wieder meine böse Zunge, die keift, ich könne ja meinen Quassel ebenso gut für mich in meinem Compi behalten. Aber Zungchen, ich bitte dich, es ist doch ein Geben und Nehmen – ich lese ja selber so gern und höre auch anderen gern zu, will wissen, was in deren Kopf köchelt. Lebensgeschichten kann ich kaum widerstehen und irgendwie müssen ja auch noch die Rechnungen bezahlt werden.

Das Wunder der Sprache, Buchstaben und Wörter machen es möglich, dass wir uns einander mitteilen, immer wieder aufs Neue. Allerdings gibt es Begriffe, die in mir einen Fluchtreflex auslösen. Mein persönliches Unwort, das mich fast zum Davonspringen bringt und das ich von ganzem Herzen verabscheue, ist *Abschied*. Wie das schon tönt! Geschiedener, hau ab! Scheiden, abfahren … das ist derart negativ und traurig. Das ist nicht einfach ein bitzeli Tschüss sagen am Bahnhofsperron, Tage zählen, ein kurzer Unterbruch des Zusammenseins … Echter Abschied ist kohlrabenschwarz und meist eine Tragödie! Bei diesem Wort kommt mir in den Sinn, wie ich weinend mit dem Halsband in der Hand aus der Tierklinik flüchtete. Dann das Sackgassengefühl beim Tod meiner Eltern. Und jetzt die Worte eines Freundes, der gerade zusieht, wie seine erwachsene Tochter mit Umzugsschachteln hantiert und die Räume des gemeinsamen Erlebens verlässt. Obwohl, man sollte ja freudig herumhüpfen, wenn ein Kind so gut zurechtgewachsen ist, dass es stolz und selbstsicher mit seinen Habseligkeiten aus dem Haus spazieren kann. Es ist bereit und die Abnabelung natürlich. Das ist die praktische Verstandesebene, aber dann gibt es halt noch die emotionale. Auch bei mir und meinem Tochterherz bahnt sich das an, und ich geniesse jeden Tag, an dem sie noch da ist, wie eh und je.

Und so kommen mir wieder die blutten Kinderfüessli in den Sinn, wie sie aus dem Bébécabriolet herausluegen und ich schnäutze die Nase beim Gedanken daran, wie man die Kleine damals hinten an den Latzhosen hochheben und zum Glucksen bringen konnte. Und es roch so gut, als sie noch ein Baby war. Wie junge Säuli …, kein Scherz! Riechen Sie mal an jungen Säuli!

Dann all die Stunden, die man gemeinsam vor dem Einschlafen erlebt hat, sei es mit einer Gutenachtgeschichte oder einfach nur Händchen haltend. Und am Morgentisch, wo wir mehr oder minder wach dem Alltag entgegentraten, bevor die Schule rief. Ja, es wird wehtun, wenn nichts mehr da ist, wo es hingehört und nichts mehr ist, wie es mal war.

Meine liebe Leserschaft, die meisten von ihnen kennen wohl dieses Gefühl: Wir lassen unsere Kinder in diese konfuse, grobe Welt hinaus und wissen, dass sie eigentlich dafür bereit sind, es auch wollen, und trotzdem zweifeln wir und möchten ihnen all die schmerzhaften Erfahrungen, die ein Leben so mit sich bringt, ersparen. All die Enttäuschungen und zerplatzten Träume. Büne Huber mit seinen Ochsnern hat das wunderbar besungen im Song *Da für Di*: »I wünsche dr aues Glück vor Wäut & ne gueti Ängu, wo ging zue dr luegt, wo di behüetet & beschützt, wüu hinger auem wunderderschöne, da wartet mängisch scho dr Schmärz … we du rüefsch & di niemer ghört … I bi immer für di da.« Ja, was können wir auch anderes, als da zu sein, wenn sie uns brauchen?

Oder die grosse Liebe, die wir schmerzvoll ziehen lassen mussten. Ein beelendendes Gefühl. »If you love somebody, set them free« klingt es in meinem Kopf! Ja, ja sicher …, das ganze Leben ist ein Abschied.

Auch meine Trennung von Krokus anno 1983 tat deutlich mehr weh als ein blauer Mosen am Schienbein. Es waren harte, graue, sinnlose Jahre, wo ich meines Babys entrissen wurde und in ein tiefes Loch fiel.

Über Jahre war die Band meine Familie, der Tourbus meine Wohnung, die Bühne meine Stammbeiz und die Bassgitarre mein Lieblingsspielzeug. Dann der abrupte Abschied. Erst später erkannte ich den grösseren Sinn dahinter. Dieser Abschied war eine Chance des Wachstums und der Weiterentwicklung für mich. Er eröffnete mir ganz neue Wirkungsfelder. Und heute sind wir Krokusse, nach einer längeren Abstinenz und Denkpause, schon seit bald acht Jahren wieder gereift, friedlich und freudig zusammen. Irgendwie unglaublich.

Trotzdem: Ab-schied ist wirklich ein gruseliges Wort. Seien Sie froh, wenn Sie gerade keinen Grund haben, es in den Mund zu nehmen. Das Gegenteil davon müsste ergo in meinem Mund zergehen wie ein Nidletäfeli. Wie heisst es? An-vereinigung? Hä …? Es wohlet mir nicht bei dieser verbalen Gegensatzfindung. Lieber schaffe ich mir ein persönliches, heiliges, elftes Gebot, das ich mir möglicherweise noch auf die Innenseite der WC-Tür schreibe: Du sollst zusammenfügen, nicht trennen!

Sehen Sie, diese Kolumne ist wirklich mehr als ein Job – sie ist echte Lebenshilfe für mich! Lachen Sie mich ruhig aus. Dann sind wir schon zwei. Das vereint uns.

SCHULE IN KETTEN

Kurz vor den Sommerferien war ich Gast in der Politsendung *Arena* zum Thema »Hurra, die Schule brennt!« Es ging um das HarmoS-Konkordat (welch unzauberhaftes Wort!) und den Lehrplan 21. Was sollen unsere Kinder und Kindeskinder für eine Schule bekommen? Was sollen wir in die Wege leiten?

Jedes Mal, wenn ich meine Tochter in der Waldorfschule besuche, bin ich tief beeindruckt bis neidisch auf das Leben und Treiben in der Schulstube (welch nettes Wort!). Ebenso, wenn mir eine geschätzte Freundin und Lehrerin der öffentlichen Primarschule zeigt, was sie mit den Kindern schafft. Ja, Freunde der Sonne, ich möchte am liebsten selber den Kuhfell-Schulsack mit dem Znünisäckli drin buckeln und ... bedauerlicherweise habe ich die Sache mit dem Zeitreisen nicht im Griff.

Wer Menschen bildet, sollte selber in Menschlichkeit geschult worden sein. Kinder benötigen Mentoren, die mehr als ihre Vornamen kennen – nicht eine gesichtslose Menge Fachlehrer, die nach ihrer hochprofessionellen Einzellektion wieder für drei Tage verschwindet und nichts als Leere hinterlässt. Lernerfolg stellt sich ein, wenn beide Seiten sich wohl und vertraut miteinander fühlen – Kinder und Lehrer. Man muss sich getrauen, Anliegen zu platzieren, zu gestehen, dass man etwas noch nicht kapiert hat und zu beichten, wenn sich daheim die Ovi über das Rechenheft ergossen hat. Auch die Lehrer kippen mal etwas um oder übersehen Dinge. Schule ist Leben. Versuchen und irren, Konflikt und Versöhnung, lachen und stolpern. Unbekanntes ist nicht einschätzbar und Unberechenbarkeit hemmt und lähmt. Fallen menschliche Hemmschuhe weg, kann der Lernspass stattfinden. Lust am Lernen und Interesse an der Welt sind eine natürliche Sache und müssen nicht als überkandidelte Lernziele in Worthülsen hineingewürgt werden.

Genau das aber findet vor meinen Augen statt. Personen, die selbst nicht einmal ein halbes Bein im Schulhaus haben, wollen sich ein politisches Denkmal setzen und ein bisschen an der Schule schrauben. Getreu dem englischen Motto: If you can: Do!/ f you can't do: Teach!/If you can't teach: Teach teachers! Dabei denken sie nicht im Entferntesten daran, was das an der Basis bei der verunsicherten Lehrerschaft, den absolut devoten Schulleiter/innen, die natürlich alles buchstabengetreu umsetzen, und vor allem bei den Kindern anrichtet.

Es geht um Strukturen, Formulare, Programme, Evaluationen und viel zu selten um die Kinder.

Ich will den Staatschulen kein Geld wegnehmen, aber verhindern, dass sie es in sinnlosen Papierübungen verprassen. Ein Schablonen-Lehrplan mit 363 Kompetenzen und 2304 Kompetenzstufen ist eine Verschwendung, die Energie abzapft. Lehrer brauchen keine geschwollen formulierte, heilige Schrift, sondern wenige, klar definierte Jahrgangsziele. Der finnische Lehrplan schafft dies auf 175 Seiten. Die Bildungshoheit EDK, die Erziehungsdirektorenkonferenz, scheint mir eine Art Verwaltungsrat zu sein, der von der Basis nicht benötigt wird. Sie verplaudert Geld, das im Schulzimmer gebraucht wird. Also bitte weg damit.

»Beruf« ist die Abkürzung von Berufung. Es gibt Menschen, die am richtigen Ort angekommen sind und Berufung erlebbar machen. Vollblut, Herzblut, persönlicher Einsatz … das sind nicht bloss Begriffe aus der Schundliteratur. Ich weiss, dass real existierende Personen ihre Aufgaben mit Leidenschaft und Berufsstolz ausüben. Wie haben sie das geschafft und wer soll unseren Kindern helfen, ihre Berufung zu finden, damit sie nicht als abgestumpfte Arbeitssklaven und hohle Akademiker enden?

Viele Kids haben über den Tag verteilt ein umfangreiches Betreuungsteam: Praktikanten im Hort, Lehr- und Fachlehrpersonal, Mittagstischbetreuung, Schwimmkursleitung … Sie werden gut unterhalten und verbringen ihre Zeit da und dort, alles liegt parat, sodass ihnen gar keine Zeit bleibt, sich zu langweilen und dabei herauszufinden, was sie im Grunde gern tun würden.

Für einen Schüler der staatlichen Schule werden im Jahr 20 000 Franken eingesetzt. Für die kommt der Steuerzahler auf, egal ob der Schüler den öffentlichen Schuldienst in Anspruch nimmt oder nicht. Im Gegensatz zu Deutschland oder Skandinavien werden Privatschulen hierzulande kaum oder gar nicht unterstützt. Das finde ich nicht korrekt. Es braucht nicht nur bei Bäckern und Malern Vielfalt, sondern auch in der Bildung. Eine Schulvielfalt fördert die individuellen Chancen des einzelnen Kindes. Denn es müssen junge Menschen mit unterschiedlichsten familiären und kulturellen Backgrounds auf dieses Leben vorbereitet werden – eine grosse Aufgabe! Kinder aus Bergregionen, Agglomerationen und Asylzentren benötigen eine Schule, die zu ihnen passt. Deswegen sollten wir der Lehrerschaft nicht staatlich verordneten Einheitsbrei servieren, sondern sie davon befreien, damit sie ihrem Beruf nachgehen können. Früher mussten wir uns vor den Lehrern in Acht nehmen, heute müssen wir die Lehrer beschützen.

Und übrigens sollten die Eltern endlich wieder ihre Aufgabe als Erzieher und Begleiter ihrer Kinder erfüllen und aufhören zu glauben, die Lehrer könnten diesen Auftrag auch noch übernehmen. So läuft das nämlich gar nicht! Plus: eine gute Schule sollte dem heranwachsenden Menschen das selbständige Denken vermitteln, damit er nachher auch für sich und die Gesellschaft Verantwortung übernehmen kann. Dieses neue Kompetenztheater ersetzt die Bildung und zielt nur auf vordergründiges Funktionieren und Anpassungsbereitschaft. Das selbstständige Denken nimmt erschreckend ab.

Keine einzige Berufsfrau, kein aktiver Lehrer war bereit, mich in die *Arena* zu begleiten. Sie sahen ihr Anstellungsverhältnis gefährdet, wenn sie sich öffentlich kritisch äussern würden. Mir gibt das zu denken – auch die an die siebzig E-Mails von ihnen, die restlos alle meine Kritik am Schulwesen bestätigten.

Am Ende der Sendung empfahl ich den Anwesenden den *Demian* von Hermann Hesse zur Lektüre. Er ist wie das Licht des Leuchtturms in einer Sturmnacht und beginnt mit den Worten: »Ich wollte ja nichts, als das zu leben versuchen, was von selber aus mir heraus wollte. Warum war das so schwer?« Ja, warum? Bitte fragt euch das, ihr, die ihr verantwortlich seid, mit unserem Geld den Kindern eine erbauliche Schule zu bieten!

LONDON CALLING

Mein lieber und kreativer Onkel John wohnte in London, in einem Quartier mit dem geflügelten Namen Angel. Allein dies fand ich grandios. Pubertäts-Chris war für seine Eltern und die Umgebung phasenweise schwer ertragbar. So schickte man ihn jährlich zweimal zum lieben John in die Stadt an der Themse. Welch ein Glück für mich!

Mir ist bald aufgefallen, dass es ein gewaltiger Unterschied ist, ob dich die Blockflötengesichter am Glöggliweg in Solothurn missmutig beim Morgenrundgang mustern, oder ob du locker über den Lonesdale Square zur Busstation Richtung City schlenderst. Dazwischen liegen Welten. Die Leute in Grossstädten sind meist mit sich selber beschäftigt und haben kaum Zeit, andere zu beurteilen und massregeln. Das Anonyme ist mir da sympathischer, als die permanente Observierung durch selbstgerechte, hochmütige Menschen.

Meine musikalischen Helden kamen damals aus England und ich konnte sie dort bei lebendigem Leibe im Marquee Club und anderen Konzertlokalen sehen und diesen Sixties-Zauber aufsaugen.

Städte kann man lieben oder einen Bogen um sie machen. Mit London war es Liebe auf den ersten Blick. Die alten Gebäude, die verwunschenen Parks, der Humor der Taxifahrer und die liebevolle Beleuchtung hauten mich um. Meine Mutter hatte englische Wurzeln und ich gebe zu, mich bis heute als halber Engländer zu fühlen. Mindestens einmal im Jahr besuche ich London. Ich brauche den Geruch, das kalkfreie Wasser, mit dem der Tee viel reiner schmeckt, regelmässig. Ebenso den wunderbaren Samstagmarkt in Portobello und den farbenfrohen Shoppingwahnsinn in Camden. Auch die Pubs, in denen die unterschiedlichsten Menschen zu einem interessanten Schwatz zusammentreffen. Sogar mit ihrem Bier habe ich mich angefreundet und ihrem Fussball. Die einzige Gefahr für mich ist der Linksverkehr. Da ich recht unbesonnen über die Strassen hühnere, hätte es einige Male beinahe gekracht. Aber das gehört zur britischen Insel. Da läuft das meiste anders herum.

Ich frage mich, wie eine solch grossartige Stadt entsteht und finde Folgendes heraus: Die Geschichte Londons reicht zweitausend Jahre zurück. Um 50 n. Chr. gründeten die Römer die Stadt Londinium. Dem Römischen Boss folgten die Angelsachsen mit Eroberungsabsichten, die die Stadt in Kraut und Fetzen zerlegten. Am Ende des neunten Jahrhunderts wurde sie neu aufgebaut. Die Reformation entmachtete darauf die Kirche, die rund die Hälfte des Bodens besass. Die Neuverteilung ihrer Güter leitete eine Ära des wirtschaftlichen Wachstums ein und London stieg zu einer führenden Handelsstadt auf. Mit der grossen Pest und verheerenden Bränden in den Jahren 1665 und 1666 wurde den Londoner Leuten jedoch gründlich das Leben vermiest. Die Stadt gesundete aber rasch und vermochte sich, wie ganz England, in der weltweiten politischen Hackordnung zu behaupten. Im Laufe des 19. Jahrhunderts nannte sich London grösste Stadt der Welt und Hauptstadt des weltumspannenden Britischen Empires. Binnen weniger Jahrzehnte vermehrte sich die Bevölkerung munter um ein Vielfaches.

Grossstädte sind Diven und pflegen ihr Äusseres fleissig zu verändern. London hat sich öfter gehäutet als eine Boa.

Ich mag Veränderung und Abwechslung, aber was sich derzeit am grossen Themsebach städtebaulich abspielt, regt mich auf. Diverse Superreiche benützen die englische Hauptstadt als sicheren Hafen, um ihr Geld zu parkieren. Politiker, die in verschiedenen Geldsäckeln Löcher stopfen müssen, fördern den irren Bauboom. Aktuell befinden sich 260 (!) Tower in der planerischen Pipeline der Stadt – ein Wettbewerb der Bausünden. Sie werden die einmalige Skyline versauen, wenn niemand den Buzzer drückt. Die Stadt läuft Gefahr, zu einem üblen Abklatsch von Shanghai, Hongkong oder Dubai zu werden. Die wenigsten Bewohner realisieren dies. Der Philosoph und Schriftsteller Alain de Botton (seine Bücher sind lesenswert) tut es: Dies sei ein Verbrechen an der Schönheit, sagt er. Ähnliches lässt sich von Schweizer Seegemeinden wie Lugano oder Richterswil berichten. Ein einziges Gemurkse – erschreckend der Blick von aussen.

Zu erwähnen bleibt neben 007 noch die Wunderwaffe Queen! Nach ihrem Motto *never complain – never explain* (beschwer dich nicht, erklär dich nicht) zu leben, übe ich schon mein ganzes Leben lang vergebens. Ich bewundere sie, weil sie meiner Mutter ähnelt: stets cool, diszipliniert, lösungsorientiert und apart gekleidet. Wohl dem Lande, das solch eine Frau zur Königin hat. Sie ist nicht gerade Rock 'n' Roll, aber wie Kollege Rothenbühler treffend konstatiert: Wir lieben die Royals, weil sie uns nichts kosten und trotzdem eine prima Show liefern. Und ich finde, sie zeigen uns so schön, wie unterschiedlich diese Welt und ihre Menschen sein können.

Ich wäre dafür, dass wir hier auch ein Engels- oder Elfenquartier schaffen. Bitte mit hübschen, kleinen Türmlein – keine Techno- und Roche-Towers! Thank you!

SPITAL OHNE HERZ

Das Herz ist ein faustgrosser 300 Gramm schwerer Hohlmuskel, der jeden Tag im Schnitt 100 000 Mal schlägt und so das Blut in den Körper pumpt. Es ist jedoch mehr für uns als das Pumpwerk in der Körpermaschinerie. Es ist unser Symbol für Liebe und Mitgefühl. Dichter, Maler und Musiker erschaffen Kraft ihres Herzens seit Jahrtausenden Aussergewöhnliches und Wunderschönes. Ich wünschte mir, der Herzmotor wäre auch im Alltag präsenter. Aber der Reihe nach.

Ich kenne Menschen, die logierten ihr ganzes Leben lang noch nie im Krankenhaus. Für sie wirkt bereits das Wort Spital bedrohlich und negativ. Ich checkte bisher dreimal ein. Beim ersten Mal war es wegen einer Gelbsucht, die meine Eltern aus Asien eingeschleppt und an mich weitergereicht hatten. Das ist eine gefährliche Krankheit, wenn man nicht achtgibt. Im Spital war man glücklicherweise achtsam und ich wurde, wie damals üblich, von lieben Nonnen betreut. Die Jungfern mit Sahnehäubchen pflegten mich hingebungsvoll im Namen des Herrn und der Nächstenliebe und drückten sogar ein Auge zu, wenn ich meiner damaligen Freundin in der Nacht über den Balkon half. Wunderbar.

Der nächste Spitalsstopp war eine verunglückte Mandeloperation, bei der schlicht vergessen wurde, die Wunden gut zu verätzen – das Ganze gipfelte in einem beachtlichen Blutbad und der Weisskittel musste nachbessern.

Da waren Menschen am Werk – solche, die Fehler machen. Zwanzig Jahre später gönnte ich mir eine Schulteroperation in einer renommierten Privatklinik. Das lief problemlos, dank des hervorragenden Arztes und der liebevollen Betreuung des Personals.

Diesen Sommer traf ich in der Stadt einen älteren Bekannten, der seine 90-jährige Mutter vorbildlich pflegt. Wir drei sassen zusammen an einem Tisch und assen köstliche Süssspeisen. Was er mir jedoch an Erfahrungen mit dem hiesigen Spital schilderte, schmeckte alles andere als köstlich. Es herrsche eine ungeheuerliche Arroganz und Kälte, bis hin zur Abweisung, wenn er wieder einmal mit seiner Mutter in der Notaufnahme auftauche. Man verweigere eine menschenwürdige Behandlung, geschweige denn eine Pflege, und verspotte ihn gar. Mit anderen Worten: Man habe seine Mutter mehrere Male fast dazu genötigt, endlich zu sterben. *Auf die Sterbebahn gehen* nennen sie es dort: Flüssigkeiten und Nahrung herunterfahren, Morphium rauf, dann erledigt sich das automatisch in ein paar Tagen.

So behandle man Menschen ab 85 Jahren. Die Arztbesuche hätten ihn phasenweise an das NS-Regime erinnert. Gefühlskalt, grob, achtlos …, dort wehe einem die Brise eiskalt ins Gesicht.

Ich wollte es nicht glauben, kenne aber den Mann. Er ist ein ruhiger, bescheidener und besonnener Mensch. Seine Schilderungen und die Namen der Protagonisten waren präzise. Die Hauptperson, seine Mutter, ist betagt, aber noch bei allen ihren Sinnen. Sie ist eine wunderbare ältere Lady, die auf Mick Jagger, Mozart und Bode Miller steht. Natürlich nagte der Zahn der Zeit an ihr. Die Gebrechen trudelten ein, aber sie machte keine Sekunde den Eindruck, dass sie bereits sterben möchte.

Dass sich mit Hartherzigkeit Karriere machen und schwarze Zahlen schreiben lässt, ist eine traurige Tatsache. Aber ich erschrecke trotzdem über den Gedanken, dass dies auch im Pflegebereich so ist. Liegt es nicht in der Natur der Sache, dass es hier eigentlich andersherum sein muss? Wenn man dann dazu noch sieht, wie exorbitant die Krankenkassenprämien ständig steigen, versteht man gar nichts mehr. Was läuft da falsch? Das Thema liess mich nicht in Ruhe und ich recherchierte in meinem Umfeld. Was ich hörte, war ein Notruf. Das Problem vieler Spitäler heutzutage sei, dass sie ihren Kernauftrag nicht erfüllen. Das Wort Spital ist vom lateinischen *hospitalis* – »gastfreundlich« abgeleitet. Aber genau das scheint vielerorts abhandengekommen zu sein. Das Gesundheitswesen wurde zu einem explodierenden Monstergeschäft, das nicht mehr den Patienten, sondern die Gewinnmaximierung in den Mittelpunkt stellt. Die Bürokratie wurde aufgebläht und dann kam der Fluch der Fallpauschalen.

Da in den Akutspitälern nicht mehr pro Tag, sondern pro Fall abgerechnet wird, entsteht der wirtschaftliche Anreiz, möglichst viele Patienten zu behandeln. Parallel dazu nehmen die Unterversorgungen zu. Je effizienter die Spitäler ihre Patienten versorgen, desto besser ist deren Bilanz. Der Patient ist heute ein Portfolio, das es zu optimieren gilt. Die Anzahl der behandelten Fälle ist für den Erfolg eines Spitals relevant. Dadurch besteht ein ausgeprägtes Risiko, dass Patienten behandelt werden, die es nicht benötigen, oder gar operiert werden, wenn es eigentlich bereits zu spät sei, höre ich aus der Pflege. Dem Patienten werde Hoffnung gemacht, damit er sich nochmals einer Operation unterzieht.

Durch die Privatisierung der Spitäler wird Konkurrenzfähigkeit gross geschrieben, man besorgt sich die teuersten Ärzte mit dem besten Renommee. Hochmoderne OPs werden angelegt oder teure Computertomografen und Magnetresonanz-Apparate, die amortisiert werden müssen. Dazu ist wiederum eine gewisse Fallzahl nötig.

Da die Kosten für die Pflege den grössten Teil der Fixkosten ausmachen, müssen die Löhne möglichst tief gehalten werden. So ist gutes Pflegepersonal oft schwierig zu finden. Aufgrund der Knappheit an bewährten Arbeitskräften wird gern zu Dumpinglöhnen günstiges, nur teilweise ausgebildetes Personal angestellt, oder zusätzlich mit temporären Pflegekräften gearbeitet, die kaum Bezug zum Patienten haben und manchmal nur bedingt Deutsch sprechen. Der Patient sieht sie kommen und gehen und kann sich oft kaum mit ihnen verständigen. Das generiert Stress für alle Beteiligten.

Qualitätsumfragen zeigen, dass wir im Verhältnis zu anderen Ländern nicht so übel dastehen. Aber es kann nicht sein, dass die Kränksten im Spital nicht mehr erwünscht sind, weil das Bett mit neuen »Fällen« gefüllt werden muss oder weil sie im Verhältnis zum Durchschnitt wesentlich mehr Aufwand generieren, weil sie stark pflegebedürftig sind und sehr teure Medikamente benötigen. Das kann gut und gern 1000 Franken pro Tag werden. Irgendwann läuft das in die falsche Richtung, nämlich in die, dass die Kränksten niemand mehr behandeln will.

Ich will hier nicht die ausführenden Berufsleute angreifen. Der Hund liegt im System und in der Kultur, die sie geschaffen hat, begraben.

Und ich frage mich, wie wir unter diesen Umständen die Gastfreundschaft und die Nachhaltigkeit fördern können – und gerade das, was wir uns gross auf die Fahne geschrieben haben im Schweizer Gesundheitswesen: Qualität, im Sinne der Menschlichkeit bewahren!

Dazu gehen mir die Worte von Antoine de Saint-Exupéry durch den Kopf: »Man sieht nur mit dem Herzen gut, das Wesentliche ist für die Augen unsichtbar.« Dieser Satz sollte über jeder Spitaltür hängen.

DARF'S NOCH ETWAS SCHÄRFER SEIN?

Mit dieser Frage konfrontierte mich jüngst der Kellner meiner Stammbeiz und er stellte sogleich die rote, schleimige Sauce neben meinen Teller, die meine frühere Freundin gleich esslöffelweise über die Pizza goss. Ich schmunzelte, denn mich brachte seine Wortwahl noch auf andere Gedanken.

An jenem sonnigen Nachmittag besuchte ich nämlich die lauschige Aarepromenade unseres Städtchens und sass später vor der heimischen Bücherei. Ein Platz, an dem ich gern das Geschehen und die Menschen betrachte. Ich staunte Bauklötze darüber, was da an mir vorbeiwuselte. Während ich vor zwanzig Jahren stundenlang warten musste, um eine hübsche Frau zu sehen, so rauschten heute ganze Schwärme im Minutentakt durch. Eine ganze Hotpants-Armee!

Grundsätzlich erfreut mich die positive Veränderung des Äusseren – auch bei den Männern. Ich frage mich, was sie herbeigeführt hat. Sind es die gesunde Ernährung, das tägliche Glas Milch, Fitness und frische Luft oder hat der hiesige Wohlstand die Gene optimiert? Ich bleibe mir die Antwort schuldig. Zweifellos gab es bereits früher hübsche Frauen. Aber vermutlich fielen sie weniger ins Auge, denn sie zeigten sich nicht derart freizügig. Um die Figur einer Frau zu bestaunen, musste man als junger Bursche schon die Badi besuchen. Die damaligen Schwimmanzüge vermiesten mir jedoch den Anblick jeder noch so schönen

Frau. Grauenhaft! Dann folgte zum Glück der Siegeszug des Minirocks und der Hochhackschuhe – wunderbare Erfindungen für uns Männer. Diese Mode führte allerdings grosse Diskussionen über die akzeptable Rocklänge und Absatzhöhe herbei. Später experimentierten die kreativen Hippiegirls zu meiner Erquickung phantasievoll mit Tüchern, gebleichten Jeans und abgeschnittenen oder zerfetzten Kleidungsstücken. Ich persönlich fand es immer spannender und antörnender, wenn eine Frau nicht alles offenbart und zur Schau stellt, wie auf dem Markt des billigen Jakobs.

Ich verstehe ja, dass sich nicht die ganze Welt in diese unseligen Röhrlijeans reinzwängen will, aber momentan kleiden sich viele extrem junge Mädchen so sparsam, als bräuchten sie ihre körperlichen Reize zum Arbeiten. Hotpants gibt es seit Jahrzehnten, aber nicht in solcher Knappheit. Gewisse Modelle werden so weit gekürzt, dass die halben Arschbacken unten herausquellen. Ich finde es gut, wenn die heutigen Frauen und Mädchen selbstsicher zu ihrem Körper stehen können und die Modevielfalt und -freiheit geniessen dürfen. Trotzdem frage mich, was diese jungen Menschen zu derart viel Nacktheit antreibt. Tun sie es, um aufzufallen und gegen Eltern und Lehrer zu rebellieren, oder ist es ein Wettrüsten und Buhlen um das männliche Geschlecht? Machen sie es freiwillig, weil es ihnen tatsächlich gefällt, oder bloss, weil sie den Erwartungen der Boys entsprechen wollen? Sex als *Verkaufsargument* …

Äffen sie gedankenlos die verrucht tanzenden YouTube-Nutten nach, die in den Musikvideos der Rapp-Ikonen am kalifornischen Luxuspool den Machos dienen? Aber wissen diese Mädchen auch, welche Signale sie für Männer aussenden, die in Paarungsfragen ebenfalls von YouTube unterrichtet wurden? Kranke Typen existieren bedauerlicherweise nicht nur in amerikanischen Grossstadt-Ghettos und ich mache mir Sorgen um diese unbedarften Girlies. Obwohl ich selber mit einem Fluchtreflex auf jede Sorte von Dresscode reagiere, würde ich ihnen am liebsten ein paar Quadratzentimeter Stoff um Bauch und Hüften wickeln.

»Bitch«, »Hure«, »Schlampe« sind scheinbar übliche Frauenanreden in der Hip-Hop-Szene. Very cool. Die Empörung der Eltern berührt den Nachwuchs höchstens peinlich und ist durchaus gewollt. Das verstehe ich, denn dieser Sachverhalt war bei mir seinerzeit auch nicht viel anders. Ich schwang auch gern verruchte Jim Morrison- und Mick Jagger-Parolen. Und als Hippierocker mit Groupievergangenheit wirke ich eh wenig glaubwürdig, wenn ich zur Moralpredigt ansetze. Dennoch trage ich ein Vaterherz in meiner Brust. Meine Tochter verlangt bisher nicht nach bauchfreien Tops und ultrakurzen Hotpants. Ich hoffe, dass sie diese Haltung bewahrt und instinktiv spürt, dass sie sich nicht als verfügbare Sexualware anzubiedern braucht. Sollte sie im Empfangsfeld meiner Ohren mit »Schlampe« oder »Bitch« angesprochen werden, müsste umgehend mit Ärger und einer Unterweisung in Respekt gerechnet werden – Reaktion von Vater Löwe. »Baby« würde ich gelten lassen, weil es so schön swingt, wie Keith Richards treffend sagt.

Item. Ich verliess den Ort der Feigenblätter und begab mich heim, um meine famosen »Spagetti Tornado« zu kochen: In diese umwerfende Tomatensauce gehört neben Rotwein, gehackten Peperoni, Kräutern und Zwiebeln unbedingt die rote Chili – sie bringt diese betörende, faszinierende Schärfe, die dem Gericht erst das Leben einhaucht. Aber auch hier macht die Dosis das Gift.

Und so folgt die Moral von der Geschicht: Kinder, übertreibt es nicht! Ich will auch kein TV-Koch werden, der mit nacktem Füdli aufträgt. Obwohl …

GAR NICHT RASSIG!

Wo möchten Sie geboren werden? Bitte gewünschten Ort ankreuzen. Hautfarbe der Eltern und Einkommensklasse anwählen, die Lagerbestände sind ausreichend. So könnte sich der vorgeburtliche Online-Shop präsentieren, in dem jeder selber entscheiden kann, ob er lieber in der Sahelzone oder in Kanada zur Welt kommen und ob er Arier oder Mischlingskind sein möchte.

Natürlich bin ich froh, dass ich hier geboren wurde und es ist bewundernswert, wie unsere Ahnen mit Fleiss, Innovation und Beharrlichkeit dieses Land zum Wohlstand geführt haben. Respekt! Aber stolz ein Schweizer zu sein, bin ich nicht. Ich war nie Nationalist, definierte mich auch nicht durch Grenzen, und dass ich hier geboren wurde und im Bauch einer Europäerin meine Zweiglein ausgetrieben habe, das hatte ich ja nicht selbst veranlasst. Das war bloss saumässiges Glück. Genauso gut hätte ich in einer Jurte auf harten Lehmboden flutschen können – als Giraffenkind wäre ich gar aus zwei Metern Höhe auf den Kopf gefallen. Aber ich erlebte eine sanfte Landung auf saubere und weiche Laken und bekam bald schon in einer gepflegten, mitteleuropäischen Stube auf dem Sofa schweizerdeutsche Geschichten erzählt. Ich kann nichts dafür, dass es so gelaufen ist.

Manche Menschen bilden sich aber viel darauf ein, dass sie dereinst einen Schulsack verpasst bekamen und, einen helvetischen Namen tragend, in den staatlichen Bildungsstätten einlaufen durften. Obwohl auch dies noch nicht ihr Verdienst war. Erst nach der fremdbestimmten Phase sind wir gefordert, selbst etwas aus uns zu machen. Ich gestehe, dass mir oft der Gedanke kommt, dass wir Schweizer Bürger und Bürgerinnen nicht alle das Bestmögliche aus uns herausgeholt haben. Bei manchen war die obligatorische Schulzeit vermutlich ein gewichtiger Beitrag zur Schadensbegrenzung, da der Geist in Eigenregie schon früher schlapp gemacht hätte.

Worauf ich hinauswill: Ich nehme zuweilen überhebliche rassistische Äusserungen wahr von Menschen, die auf einem Pferd sitzen, auf das sie nicht aus eigener Kraft gestiegen sind. Sie poltern wüst herum und fühlen sich rassig dabei. Gerade jetzt, wo beinahe täglich Hunderte von verlorenen Geschöpfen im Mittelmeer ertrinken (Frauen oft noch mit einem Baby im Arm), häufen sich die erschreckend sadistischen, empathielosen Kommentare im Internet. Online-Foren sind mittlerweile eine Menagerie der Bösartigkeiten. Dass diese primitiven Posts oft mit Schreibfehlern gespickt sind, ergänzt mein Bild des bescheiden reflektierenden Wutbürgers. Und sogar vom Volk gewählte Politiker, die der deutschen Sprache im amtlichen Sinne mächtig sind, posten Beiträge, die von abstossender Boshaftigkeit sind. Das macht mich wütend, weil dieser pure Hass Gift ist und eine vernünftige Diskussion zum Thema verunmöglicht.

Liebe LeserInnen, auch ich frage mich, wie der Strom von Flüchtlingen und Zuwanderern (von wandern kann zwar kaum die Rede sein) human und sinnvoll geregelt werden kann. Auch ich habe Bedenken, ob wir nicht falsche Anreize und Signale in eine mittlerweile sehr gut vernetzte Welt schicken, und auch ich will keine religiösen Fundamentalisten und kriegsgewohnten Grobiane um mich herum wissen, die nur das Recht des Stärkeren kennengelernt haben und Frauen wie Dreck behandeln. Ich befinde mich im Zwiespalt zwischen Barmherzigkeit, Hilfsbereitschaft und der Verteidigung einer realistischen, gesunden Einwanderungspolitik.

Die Worte des grossen deutschen Philosophen Peter Sloterdijk geben mir zu denken: »Die Europäer müssen sich über ihre eigene Attraktivität für Flüchtlinge neu Gedanken machen.« Um den Flüchtlingsstrom einzudämmen, sei »so etwas wie eine wohltemperierte Grausamkeit« vonnöten. Das mag für manches Ohr etwas hart tönen, aber ist nicht nur Berufspolemik. Sloterdijk klagt nicht zum ersten Mal die Tyrannei der Moralisten an, die fernab vom Geschehen predigen und anklagen, ohne nachhaltige Lösungen zu bringen.

Leider können wir nicht jedem menschlichen Individuum gerecht werden und vieles läuft falsch, strikt nach Paragraf X. Mit anderen Worten: Es passiert immer wieder, dass ehrliche, friedfertige Familien abgewiesen werden und kaputte, aggressive, clevere Typen durchkommen. So ist das leider im Leben.

Nebst direkter Hilfe und Unterstützung, rede ich mit Mitbürgern über diese menschlichen und geografischen Dramen, die so viele Facetten haben. Auf das Ansprechen der Ausländerthematik folgt jedoch oft der Vorwurf der Fremdenfeindlichkeit, und man schafft es kaum, bis zehn zu zählen, werden die drei reizenden Buchstaben ausgesprochen: SVP. Das Brenneisen liegt parat und jeder, der Zweifel darüber hegt, all den unglücklichen Menschen auf diese Art zu helfen, kriegt es zu spüren. Da jedoch nur eine Teilmenge von uns den Stempel *Rassist* rassig findet, halten viele artig die Klappe und warten zur Meinungsäusserung die Urne ab. Rassismus ist das ultimative Fertigmacherargument und ein Mundtöter.

Noch mehr Sorgen mache ich mir um Deutschland. Natürlich wegen diesen hässlichen, abartigen Angriffen auf Asylheime. Das geht gar nicht! Was aber auch nicht geht, ist, dass einfache, hart arbeitende Menschen, ja ganze Familien, die nachvollziehbare Ängste oder Einwände vor einer zukünftigen Überfremdung und Asylflut haben, als Rechtspopulisten und Fremdenhasser hingestellt werden. Doch so einfach ist das nicht. Da muss man schon etwas genauer hinschauen und den Puls besser fühlen. Klar, die Erbsünde des Zweiten Weltkriegs, diese historische Last, ist immer noch präsent und treibt phasenweise seltsame Kompensationsblüten. Manches Sommermärchen kann als Gruselfilm enden. Fakt ist: Die fleissigen Deutschen helfen, wo sie können und schultern schon jetzt sehr viel in dieser wackligen, schlecht geführten, europäischen Länderunion. Das sollte man nicht vergessen. Es wird viel von Solidarität gesprochen, aber die muss auch gegenüber den bereits vor Ort Lebenden herrschen. Ihre Nöte und Befürchtungen, verdrängt zu werden, ihren Job und ihr Auskommen zu verlieren, sind ernst zu nehmen. Die meisten Medien und Politiker haben die Verbindung zum Volk und dessen Alltag verloren. Und das wird Konsequenzen haben, schlechte!

Ich war nie ein Fremdländer-Skeptiker und genoss auch keine derartig prägende Erziehung. Meine Mutter hatte englische Roots, mein Vater französische, in unserer Band spielt ein Malteser und ein Italo und das Management ist persisch/kroatisch. Das geht wunderbar und ist bereichernd. Das Wort »Ausländer« gefällt mir eh nicht. Wir sind alles Menschen von einem Planeten und einem Schöpfer.

Auch ich habe im Kleinen in den frühen Sixties erfahren, was es heisst, ausgegrenzt zu werden. Damals reichten schon lange Haare und eine gewisse Eigenständigkeit. Für einen jungen Menschen ist das hart, und seien wir mal ehrlich: Wer würde nicht fliehen und weltweit nach besseren Möglichkeiten Ausschau halten, wenn er keine Perspektive hat und seine Familie nicht mehr durchbringt? Man muss doch echt im Totalelend sein, wenn man mit dem Kind an der Hand in einen Kahn steigt, den man mit 500 anderen teilt und der von zwielichtigen Typen ins offene Meer gesteuert wird. Wenn man Glück hat, darf man später durchnässt, hungernd und frierend irgendwo im Niemandsland mit schreienden Kindern im Arm seinen mühsamen Weg ins Ungewisse antreten, gepeinigt und überall (klein!) abgewiesen. Gibt es Schlimmeres? Was also ist zu tun? Jeder muss sich dieser Frage persönlich stellen.

Eine politische Patentlösung wird es nicht geben, aber ich will, dass wir hierzulande der Flüchtlings- und Armutsproblematik aufrichtig, realistisch und offenherzig begegnen können. Es reicht nicht, sich über das haarsträubende Bild des toten, angeschwemmten Jungen auf dem Titelblatt zu empören, nein, wir müssen endlich etwas unternehmen und uns (auch) gewahr werden, dass jeden Tag, seit Jahren, weltweit 50 000! Kinder an den Folgen von Hunger sterben. Jeden Tag! Und es würde mich freuen, wenn all jene, die besonders laut nach einer humaneren Welt schreien, mit gutem Beispiel vorangehen und endlich etwas Konkretes, Greifbares tun.

DIE REIZDIÄT

Ich liebe, wie viele Menschen, das Reisen. Es ist noch gar nicht so lange her, da war ich in New Orleans und gab mir die Hurricane-Drinks. Ich sah das weiche Licht im Süden Frankreichs, streifte durch die Black Oaks im Norden Kaliforniens und beschnupperte die Groupies im Süden des goldenen Staates. Auf den Malediven zelebrierte ich das einmalige Nichts und eine Traumtrennung; auf La Gomera genoss ich die besten Mangos, in Ibiza die rote Erde und den grossen Hippietanz. Ich erlebte ein brodelndes Madrid, heisse Schweizer Bergsommer mit Alpenrösis und tiefblauen Enzianen, die Meereshöhlen und Wassermelonen-Liebe in Sardinien. Ich ritt auf Kamelen in Ägypten, genoss das grosse Fussballfest in Dortmund, wurde Zeuge der heissen Stürme auf Mauritius und verlief mich in den weiten Zuckerrohrfeldern; in den Seychellen liess ich mich im Indischen Ozean treiben und umarmte die runden Felsen. Den Pinienduft Südspaniens inhalierte ich ebenso wie den trockenen Charme Irlands. In Schottland lernte ich trinken, in Chicago verlor ich mein Handy, in London meine Frau, in Paris mein Geld und in LA meinen Verstand. Ich sah freie Delfine vor mir schwimmen, Bären tanzen und Pferde sprechen. Ich durchkämmte die Rockies, ass meine Suppe in einem spanischen Kloster, sammelte tonnenweise Steine in Kreta und suchte vergeblich Liebe und Früchte in Tschechien. Auf Hawaii schaute ich, wie die Sonne versank und in Katmandu, wie sie aufging.

Sicher, das waren alles spannende Reisen – trotzdem fehlte mir meistens das Wichtigste: Ich kam dort einfach gar nie richtig an. Da waren Unruhe, Rastlosigkeit, zu viele Gedanken und zu wenig Sein. Es gab kaum Erholung, kein sich wirkliches Einlassen auf den Moment und keine Verschmelzung mit dem jeweiligen Ort. Das Ganze lief eher ab wie ein Film – ein Donnerritt ohne Boxenstopp.

Langsam verlor ich die Freude am Reisen. Später auch noch meinen Schlaf. Es musste etwas passieren. Wie immer in solchen Momenten konsultierte ich meinen Lebensberater für alle Schief- und Lebenslagen, Dr. Ali Mabulu. Ali machte es kurz: »Chris, dein Leben ist too much hektischer Zirkus, zu wenig bewusstes Sein. Du leidest unter einer Reizüberflutung. Zu viel Stimulanz stumpft ab und bringt uns keine Zufriedenheit. Entrümple dein Leben!« So verordnete er mir dosierten Handy- und Rotweineinsatz, TV-Abstinenz im Schlafzimmer, zum Frühstück Früchte und Ingwerwasser und mittags einen zwanzigminütigen Powernicker. Nachts dann mindestens sieben Stunden Schlaf, plus möglichst nur eine Frau, und zwar immer die gleiche. Kurz: Eine regelrechte Reizdiät.

Eine Woche später erreichte mich eine Röhre mit einem grossmächtigen Poster darin. Es war kein Bild von Gisele Bündchen, nein, da stand einfach nur ein fetter Satz, aber der hatte es in sich.

»Wenn ich die Kraft hätte, würde ich gar nichts tun!«

Ich musste schmunzeln. Typisch Ali. Er gab mir wieder mal das volle Brett. Am Abend rief er mich an. Er meinte: »Es ist wichtig zu verstehen, was uns dieser Satz sagen will und was dich von deiner inneren Ruhe abhält. Wir müssen den meist sinnlosen mentalen Lärm, der permanent durch unsere Köpfe geistert, das immer schon einen Schritt voraus Sein, von Zeit zu Zeit abstellen, sonst sind wir nicht fähig, die Magie des Augenblicks zu erleben.« – »Ja, aber sag mir mal Ali, wie soll ich das schaffen?« – »Ganz einfach, Chris, indem du dich mit der Ruhe und dem Schweigen genau so anfreundest, wie du es mit dem Denken und dem Reden tust. Erkennst du erst einmal die Dimension der Stille, the sound of silence, auf der alles basiert, öffnen sich ganz neue Tore. Wenn das passiert, werden wir ganz aufmerksam, zufrieden und ruhig. Das ist ein grosses, schönes Gefühl, wie es die Menschen ganz früher kannten.«

Einfach fiel mir das als Dauerplauderer natürlich nicht, aber ich wollte es durchziehen. Ali hatte mir schon immer wahre und vor allem erfolgreiche Lebensanweisungen gegeben. So begann ich in den folgenden Tagen, mein Leben neu zu ordnen. Als Erstes verschenkte ich meinen Zweitwagen, fünf meiner sieben Glotzkisten und die Hälfte meines Mobiliars. Kurz, alle überflüssigen Staubfänger, die nur mein Leben komplizierten. Ich beschloss, ebenfalls der Empfehlung zu folgen, kein Telefonat (Familie ausgenommen) länger als zehn Minuten dauern zu lassen. Konzentrier dich aufs Wesentliche, bring's auf den Punkt, sonst verpufft deine Energie fürs Belanglose und du brennst aus.

Ich dachte auch an den wichtigen Satz, den mal einer meiner Lieblingsschauspieler, Bill Murray, sagte: »Entspannung ist alles!«

Schon nach kurzer Zeit gewann ich tatsächlich fast eine Stunde pro Tag, die ich bewusst mit gepflegtem Nichtstun, Schnauze halten, Meditation und ins Universum horchen gestalten konnte. Das war ein neues, gutes Gefühl. Ich fühlte mich schnell besser, geerdeter, einfach mehr bei mir.

Heute sitze ich in meiner Freizeit oft zu Hause auf der Gartenbank, höre Kinderstimmen, Naturgezirpe und etwas Musik. Neben mir schlafen zwei Hunde, die Schwalben fliegen tief. Es passiert fast nichts und es fühlt sich sehr gut an. Ich bin angekommen, dort wo ich eigentlich schon immer hinwollte. Und jetzt kann ich auch wieder getrost verreisen. Wohin eigentlich?

SOUNDS FÜRS LEBEN

Mein Sommer begann diesmal in Locarno. Wir hatten ein wunderschönes Konzert auf der magischen Piazza Grande. Ich blieb danach für ein paar Tage, um Freunde zu besuchen und weitere Bands zu geniessen. Es war schlicht perfekt. Zum Soundtrack der Toten Hosen oder Santana bei 27° des Nachts 10 000 Menschen tanzen zu sehen und mit den Liebsten ein paar Drinks zu schlürfen, so etwas vollbringt nur der Sommer. Da vergisst man auch locker den architektonischen Betonhorror, der einem allenthalben in diesem speziellen Kanton begegnet. Das Licht, die Gerüche, die Seen, schlicht die einmalige Tessiner Landschaft und Tessiner Natur wird sich nicht totbauen lassen. Sie wird uns alle überleben, wenn der Bauspuk der Geldgierigen und Geschmacksrenitenten vorüber ist.

Aber auch in der deutschen Schweiz legt der so oft vermisste Sommer mächtig zu. So gut habe ich ihn lange nicht gespürt, den Körperteil mit den zwei Backen. Jetzt weiss ich es wieder: man hat da auch Knochen drunter und im Anschluss an eine längere Velofahrt senden sie eine Depesche an die Schmerzabteilung. Das hatte ich vergessen gehabt, als ich endlich wieder das Rad aus dem Keller holte und mich auf den Weg machte. Raus aus den Wohnvierteln, den Wasserweg entlang. Aus dem Gebüsch roch es immer noch verstohlen nach Bärlauch und ein paar Heugabellängen später inhalierte ich den unverdünnten Sommer. Frisch Gemähtes. Meine Nase jubilierte!

Kurz erlag ich der Illusion einer aromatischen Übernachtung auf genau diesem Feld. Die Erkundungsreisen von Ameisen, Heuschrecken und Mücken auf meinem Körper stellte ich mir erst ein paar Atemzüge später vor.

Zusammengefasst kann ich von einem wunderschönen Tag berichten. Es war weit mehr als eine kurze pedaltechnische Ertüchtigung. Eher ein Geschenk für sämtliche Sinne. Wieder zu Hause schlenderte ich durch meinen herrlich, verwilderten Garten, betrachtete die Beerensträucher, den Oleander, die Hortensien und den geliebten Blauregen. Danach sass ich auf meinem Lieblingsbänklein, zwischen Schilf, Ahorn und uralten Rosen. Die Sonne schimmerte zart durch die feinen Bambusblätter, während mein Zitronellen-Münzentee bestens mundete. Ich mag für manchen Jungspund ein drolliger, antiker Rockdög sein, wenn ich über meine kleinen Freuden beim Beobachten von haushaltenden Feldmäusen in grünen Matten schwärme, aber das ist der Lauf des Lebens. Mit zunehmender Faltentiefe steigt die Bewunderung für alles Lebendige, das sich ohne menschliches Zutun Jahr für Jahr aus dem Nichts herausschraubt. Schliesslich zeigt die Erfahrung, dass unser Dasein einer Reise durch einen Porzellanladen ähnelt. Vieles geht zu Boden und zerschellt. Glück hat, wer da und dort nur vorbeischrammt, seine Wunden leckt, wieder aufsteht und kluge Schlüsse daraus zu ziehen weiss. Aber das wilde Grünzeug, das grinst uns alljährlich unversehrt entgegen. Von der Brennessel, die parat sein muss, wenn die Schmetterlingsraupen des kleinen Fuchses ihrer Fressverpflichtung nachkommen, bis zum Springkraut, das auf vorbeistreichende Kreaturen und damit auf die Gelegenheit wartet, seine Samenkapseln platzen zu lassen und sein Vermögen zu verschleudern.

Überhaupt scheint der Sommer alles aus uns herauszuholen. Wir spüren unsere Körper besser, kriechen unter den Steinen hervor, es werden Feuer entfacht, Gitarren geschrummt, Schuhe zur Seite geschmissen, open air gegessen und wir wagen uns wieder in wilde Wasser. Der Fernseher, der für manch einen zur Mutterbrust geworden ist, kriegt seine wahre Rolle als Notlösung zu spüren.

Sommer, ich bin froh, dass du dich doch noch zum Bleiben entschliessen konntest. Wie oft haben wir hoffnungsfroh die Wetter-App angeklickt und wurden sogleich bitter enttäuscht! Wir zogen den Faserpelz wieder über und bestellten noch einen Ster Brennholz. Dabei schaute ich kopfschüttelnd im Kalender nach, ob ich irgendetwas nicht gecheckt habe. Jetzt endlich können wir dich in aller Form spüren. Die Kinder haben Dreck zwischen den Zehen und in den gebräunten Gesichtern leuchten ihre Augen wie Bergseelein; viel grüner und blauer als sonst. Es dünkt mich sogar, die Menschen benähmen sich in kurzen Hosen und Flipflops versöhnlicher als mit hochgeschlagenen Mantelkrägen. Und spätestens wenn wir in die Badehose schlüpfen, sind alle etwas gleicher. Die Attribute zur Zuordnung von Rang und Status fallen weg. Ob Köpfchen oder Dubeligring – nach dem Baden sind beide pflotschnass. Erfrischend! Und es beruhigt beim Zeitungsstudium, zu sehen, dass auch die Haut der Stars und Möchtegernsternchen den Gesetzen der Natur unterliegen.

Um dem Ganzen die würdige Krone aufzusetzen, durfte ich dann noch Prince mit einem unfassbaren Konzert in

Montreux erleben. Spät nachts mit *Purple Rain* im Ohr pilgerten wir durch die Strassen dieses magischen Ortes und plötzlich kam wieder dieses Allerweltsgefühl ewiger Jugend. Die Welt lag uns zu Füssen und ganz sicher gab es da oben jemanden, der ein ganz besonderes Schicksal für uns bereithielt. Natürlich barg der Song auch das Wissen um den Kater danach, die Vergänglichkeit. Aber wenn man laut genug dagegen ansingt, funktioniert der Trick bis heute – wenigstens für eine Sommernacht.

VERLASSEN VON DER ZEIT (II)

Am Anfang dieses Büchleins habe ich den Verlust und das Rasertum meiner Geliebten, der Zeit, beklagt. Wo eilt sie hin? Weder Radarfallen noch Laserpistolen sind ihr gewachsen. Sie entwischt da und dort. Fehlt mir die Zeit am Tag, könnte ich ja die Nacht verwenden. Aber auch da entwischt sie. Ich nehme weiter ihre Verfolgung auf.

Tröstlich, dass ich mit meinem Projekt nicht allein bin. Florian Opitz, ein deutscher Journalist, litt ebenfalls unter Zeitanämie, und er ging der Sache derart intensiv nach, dass schliesslich ein Dokumentarfilm daraus entstand: *Speed – Auf der Suche nach der verlorenen Zeit*. Dieser Film hat mir im ersten Teil kaum Hoffnung auf ein Wiedersehen mit ihr gemacht, denn die Beschleunigung ist längst aus dem Ruder gelaufen. Der Mensch hat Maschinen gebaut, die ihm in Sachen Informationsaufnahme, Situationsanalyse und Reaktionszeit weit überlegen sind. Sie sind in der Lage, im weltweiten, digitalisierten Finanzgeschäft selbständig in Bruchteilen von Sekunden zu agieren. Und sie tun es auch. Der Schnellere ist der Geschwindere und räumt ab. In diesem Business haben Zauderer nichts verloren. Da wird unaufhörlich Geld von einem Haufen auf den anderen gelegt – als reiner Selbstzweck.

Das könnte uns ja Wurscht sein, wenn ein paar grosse Bubis ein bisschen herumspielen. Aber sie nehmen damit empfindlichen Einfluss auf unser Leben. Wohn- und Benzinkosten, der Marktwert jedes Einzelnen von uns und auch der Wert unserer Nahrung werden damit völlig frei von Emotionen definiert. Der Mensch bedauert es anschliessend schulterzuckend auf Pressekonferenzen, wenn bei diesen Gamereien ganze Landstriche voller Leben schlecht weggekommen und ein Schlamassel mehr angerichtet ist. Weshalb sollte er betroffen sein? Es liegt ja nicht in seiner Verantwortung. Da ist eine höhere Macht im Spiel, welche nicht auf Gewissensfragen programmiert worden ist. Und mathematisch irren tut sie nicht. Was soll's? Elend hat es schliesslich immer gegeben. Die Auswüchse werden als Schicksal hingenommen. Auf den Gedanken, dass man diese turboklugen Maschinchen genau dafür einsetzen könnte, die Nahrungsverteilung zu übernehmen und damit auch Seuchen, Landflucht, Gewalt und anderen Sorten der Verwahrlosung Einhalt zu gebieten, darauf scheint die Krawattennadel-Fraktion nicht zu kommen. Gewinn ist das Ziel, nicht Barmherzigkeit. Ich schliesse daraus: Wir Menschentiere sind allesamt zu Zombies geworden, die ins Feuer ihrer eigenen Gier blasen, bis es sie aus dem Kamin spuckt. Alle?

Nein! Ein kleines Volk von Aufständischen gibt es, das sich dem Diktat der Wirtschaftsjunkies widersetzt: Bhutan. Eingeklemmt zwischen Indien und China liegt es und flächenmässig ist es etwas kleiner als die Schweiz. Es hat knapp ein Zehntel der hiesigen Einwohnerschaft und eine beeindruckende Geschichte aufzuweisen: Nachdem er sein Land aufgeräumt hatte, entmachtete sich der König vor wenigen Jahren selbst und seither hat Bhutan das »Bruttonationalglück« in seiner Verfassung verankert. Mit Ecuador zusammen gehört es zu den einzigen Ländern, die verfassungsmässig kein Wirtschaftswachstum anstreben! Dieser zweite

Teil des Films gibt mir neue Thermik. Selbstzerstörung kann nicht unser Lebenszweck sein. In Bhutan hat man beschlossen, sich gelassen von diesem Wahn abzuwenden.

Bei uns ist Herbst und ich bin ein weiteres Mal mit einer Todesanzeige konfrontiert worden. Ein einzigartiger Kopf denkt und spricht nicht mehr. Ich nehme mir Zeit, die Lebens-Schnur zu betrachten. Versuchen Sie das auch einmal, liebe LeserInnen …

Sie legen eine etwa 83 cm lange Schnur vor sich hin (rechnen wir optimistisch mit gut achtzig Jahren Lebenserwartung, Frauen etwas mehr). Dann nehmen Sie einen Massstab und machen bei Ihrem aktuellen Alter einen grossen Knopf in die Schnur – in meinem Fall ist das bei 63 cm. Dann nehmen Sie sie gestreckt in die Hände und betrachten sie. Links ist die bereits vergangene, gelebte Zeit und rechts das, was noch vor Ihnen liegt – wenn alles rund läuft. Ich bin sicher, Sie werden innehalten! Bei mir folgt jedes Mal der Entschluss, ab sofort Platin durch meine Lebenssanduhr rinnen zu lassen.

Wenn wir die Zeit des Lebens, die uns auf Erden beschieden ist, mit jener vergleichen, die uns unbekannt im Dunkeln liegt, dann erscheint mir diese Spanne wie der kurze Flug eines Sperlings, der sich im Winter in einen festlich geschmückten Saal verirrt. Nach einem kurzen Augenblick der Wärme und des Glanzes entschwindet er wieder in die winterliche Welt, aus der er gekommen. Gleich ihm betritt der Mensch die irdische Bühne nur für einen Atemzug, und was davor war und was folgen wird, bleibt uns verborgen.

Und so fragte Heinrich VIII. seinen Günstling, den Duke of Suffolk: »Welcher Verlust, denkt Ihr, ist unwiederbringlich für einen Menschen? *Der der Tugend?* Nein, durch würdige Taten kann man Tugend wieder gewinnen. *Dann die Ehre?* Nein, denn auch die Ehre ist wieder herstellbar durch ehrbares Verhalten, sowie man auch verlorene Güter zurückerhalten kann ... Was ist es dann, Majestät?, fragte der Duke. *Zeit, euer Gnaden, Zeit!* Der Verlust, der unwiederbringlich verloren geht, ist die Zeit, die im Leben vergeht.«

Die Verfolgung der Zeit hat viel von ihr in Anspruch genommen. Sie war es wert. Für eine Geliebte ist mir der Tag nicht zu schade. In dem Sinne: Memento mori – und carpe diem! Was bleibt uns denn anderes?

DANKSAGUNG

It's a man's world, das mag stimmen, aber seien wir ehrlich, was wären wir ohne die Frauen?

Auch bei dieser erneuten, langjährigen Operation am offenen Herzen standen mir ein paar grossartige Frauen zur Seite.

Mein Grossdank gehört meiner Tochter Jewel, die mit ihrem neugierigen, liebevollen, wachen und rebellierenden Wesen eine nie endende Inspiration ist. Du bist mein Herz, mein Wertvollstes auf diesem konfusen Planeten. Dann meine Soulsister Danah von Hubenstein. Sie ist meine Wand, wogegen ich meine Gedankenbälle werfen kann. Meistens kommt etwas zurück, und zwar etwas Gescheites, wenn ich bei einem Thema anstehe. Danah: Du bist eine seltene, wertvolle Pflanze! Without you hätte ich wohl nicht so lange durchgehalten. Danke für deine wertvollen Inputs.

Liebdank auch an Leela Löwenzahn, die Mutter meiner Tochter. Du bist mir Inspiration, Freude, Spiegel und Lehrer zugleich.

Und zu guter Letzt meine Verlegerin Sabine »the thunderstorm« Giger, die wieder alles gab, Wort hielt und schon immer Bücher mit mir machen wollte – eine gute Voraussetzung für eine fruchtbare Zusammenarbeit. Big thanx, dear Sab!

Und die Männer? Ja, es gibt auch ein paar! Zuallererst Marc Walder, der mich als Kolumnist vor vielen Jahren für die *Schweizer Illustrierte* entdeckte und an mich geglaubt hat – immerhin musste ich neben gestandenen Namen wie Peter Bichsel, Helmut Hubacher und Peter Scholl-Latour bestehen. Sie zwangen mich, meine Feder und meinen Blick zu schärfen. Auch thanks an die Chefredaktoren Stefan Regez und Werner de Schepper, die den Autor immer so schreiben lassen, wie ihm der Schnabel wächst. Ich weiss das zu schätzen. Dazu kamen natürlich die unzähligen Leserzuschriften, die mich anregten und zu Höchstleistungen anspornten. Habt herzlichen Dank, ihr seid der Wind in meinem Segel. Lieb Dank auch an Hannibal Lektor for Trippelchecking und Doc Dominic Wilhelm, der mit seinem scharfen Auge mithalf, das Buch so zu gestalten wie ich mir das vorgestellt habe. Ihr seid alle kostbar für mich und dürft jederzeit für eine Wassersuppe oder ein Fladenbrot an meine Tür klopfen. I'll be there … In dem Sinne: Liebe, Glaube, Hoffnung, what else? Gehabt euch wohl, bleibt hungrig, neugierig und nehmt das Ganze nicht zu ernst. Schon bald sind wir alle wieder erlöst.

CVR im Jahre des Herrn 2015

LITERATURVERZEICHNIS

Coelho, Paulo: *Der Alchemist.* Zürich: Diogenes, 2014.
Deutscher, Guy: *Im Spiegel der Sprache. Warum die Welt in anderen Sprachen anders aussieht.* München: Beck, 2013.
Hesse, Hermann: *Steppenwolf.* Frankfurt a. M.: Suhrkamp, 2007.
Hesse, Hermann: *Unterm Rad.* Frankfurt a. M.: Suhrkamp, 2007.
Hesse, Hermann: *Demian. Die Geschichte von Emil Sinclairs Jugend.* Frankfurt a. M.: Suhrkamp 2013.
Hesse, Hermann: *Glasperlenspiel.* Frankfurt a. M.: Suhrkamp, 2014
Jürgens, Udo, Moritz, Michaela: *Der Mann mit dem Fagott.* München: Limes, 2011.
McMillian, John: *Beatles vs Stones. Die Rockrivalen.* Zürich: Orell Füssli, 2014.
Richards, Keith, Fox, James: *Keith Richards – Life.* München: Heyne, 2010.
Schaffer-Suchomel, Joachim, Krebs, Klaus: *Du bist, was du sagst. Was unsere Sprache über unsere Lebenseinstellung verrät.* Heidelberg: mvf-Verlag, 2011.
Spitz, Marc: *Mick Jagger: Rebell und Rockstar.* Hamburg: Edel, 2012.
Spitzer, Manfred: *Digitale Demenz.* München: Droemer, 2014.
Wittgenstein, Ludwig: *Tractatus logico-philosophicus.* Werkausgabe Bd. 1. Frakfurt a. M.: Suhrkamp, 2006.

In diesen Texten finden Sie einen Gegenentwurf zu einer, »unverbindlichen und kalten Luxusnarkosen-Gesellschaft«

Chris von Rohr
Sternenstaub

Die besten Kolumnen

Chris von Rohr, geboren 1951 in Solothurn, Rocklegende und Kultfigur, schreibt seit Jahren jeden Monat in der »Schweizer Illustrierten« eine der meistgelesensten Kolumnen. Er analysiert geradeheraus und treffsicher die Gemütslage unserer Gesellschaft und gibt seinen Lesern mit den oft gegen den schweizerischen Mainstream laufenden Texten wichtige Anstöße.

Sternenstaub ist der erste Teil einer Auswahl dieser Kolumnen in Buchform. Die Texte haben Gehalt, Witz, Leidenschaft und Tiefe. Man findet hier laute, aber auch sehr leise und unerwartete Töne, die nachdenklich machen, erheitern und berühren.

Chris von Rohr
Sternenstaub
254 Seiten, Format 11,5 × 19 cm, Hardcover mit Schutzumschlag, ISBN 978-3-905958-10-2

www.gigerverlag.ch